Nicola Amato

Manuale della comunicazione multimediale

Come comunicare in maniera efficace con i prodotti multimediali

Casa editrice:
Amazon Independently Published

Foto di copertina: Amazon KDP free archive
Codice ISBN: 978-1520114675

Sommario

Introduzione.. 7

1. Che cos'è la comunicazione? 11

1.1 Cosa vuol dire comunicare............................. 12

1.2 Le tipologie della comunicazione 20

2. Vecchi e nuovi media..................................... 27

2.1 I media analogici... 32

2.1.1 La televisione come agente di socializzazione 35

2.1.2 Nascita ed evoluzione della stampa nel contesto sociale.. 39

2.1.3 I mezzi audiovisivi e la radio............... 42

2.2 I media digitali 48

2.2.1 Come sono nati i nuovi media? 49

2.2.2 La grande rivoluzione di Internet......... 50

2.2.3 I princìpi ispiratori dei nuovi media 58

2.3 Differenze tra vecchi e nuovi media 62

3. Che cos'è la comunicazione multimediale....... 65

3.1 Multimedialità e interattività 67

3.2 Multimedialità e ipertestualità 69

3.3 Ipermedialità 73

4. La progettazione della comunicazione multimediale 77

4.1 La pianificazione 80

4.2 La preparazione dei contenuti 87

4.3 La realizzazione del prodotto multimediale 88

4.4 La fase di controllo dell'efficacia comunicativa 89

5. Come gestire i contenuti dei prodotti multimediali in maniera efficace 95

5.1 Blog 97

5.1.1 Ma chi sono in realtà i blogger? 102

5.1.2 Come implementare un blog efficace 109

5.2 Presentazioni multimediali per briefing, conferenze e seminari 115

5.2.1 La preparazione delle slide 116

5.2.2 L'esposizione orale 120

5.3 I linguaggi non verbali della comunicazione e i prodotti multimediali che maggiormente ne fanno uso 124

6. Come pubblicizzare un prodotto multimediale 129

6.1 Che cos'è la pubblicità 130

6.1.1 Regole etiche per la pubblicità 135

Conclusioni 141

Bibliografia 143

Informazioni sull'autore 145

Introduzione

Comunicare è un'esigenza primaria della nostra esistenza in quanto costituisce un'indispensabile interfaccia tra l'individuo ed i suoi bisogni.

La comunicazione, nel suo corso evolutivo, ha dimostrato di avere un carattere polimorfico, pur rimanendo concettualmente legata alla sua essenza primaria. Infatti, la sua evoluzione è sempre andata di pari passo con lo sviluppo tecnologico dei sistemi informativi, adeguandosi e cambiando forma espressiva ogni qual volta la tecnologia l'ha richiesto.

La comunicazione moderna, oggi, è pienamente inserita nei contesti multimediali delle tecnologie informatiche, Internet sopra tutti, le quali hanno preso il sopravvento sulla gestione delle nostre interazioni e sullo scambio di informazioni.

La necessità quindi di comunicare in maniera efficace si complica leggermente in quanto la comunicazione viene arricchita di nuovi elementi, i media, i quali è indispensabile che vengano gestiti in maniera razionale. L'efficacia comunicativa, infatti, è l'obiettivo primario di ogni forma comunicativa.

Da qui l'idea di scrivere un manuale che tratti in maniera esaustiva la comunicazione multimediale in tutti i suoi aspetti, sia teorici che pratici. Una guida, sempre disponibile sulla scrivania, che possa venire in soccorso ogni volta che si ha a che fare con i molteplici prodotti multimediali, quali blog, siti Web, comunicati stampa, etc., e si incorre in dubbi circa il loro corretto utilizzo ai fini di una comunicazione efficace e quindi del raggiungimento dei propri obiettivi.

Uno strumento, dunque, da tenere sempre a portata di mano, per non lasciarsi scappare l'opportunità di comunicare in maniera efficace.

Com'è strutturato questo libro?

È un viaggio alla scoperta di tutti quegli elementi che s'incontrano sul percorso che porta all'efficacia comunicativa dei prodotti multimediali maggiormente in uso.

In pratica, viene scomposta l'efficacia comunicativa dei prodotti multimediali in tutte le sue componenti principali, quali la comunicazione, i media, la comunicazione multimediale, la progettazione della comunicazione multimediale e gli elementi costitutivi della persuasione pubblicitaria, e vengono analizzati per far sì che si comprenda meglio come raggiungere gli obiettivi di efficacia comunicativa.

Il primo capitolo rappresenta la base di partenza. In questo contesto si fa un'ampia panoramica della comunicazione in generale, descrivendone i concetti basilari ed esplicando le tipologie comunicative.

Il secondo capitolo ha lo scopo di introdurre il lettore nei concetti fondamentali dei nuovi media, passando attraverso i media analogici per poi arrivare alla loro digitalizzazione. I media verranno analizzati inoltre come agenti di socializzazione.

Tutto ciò servirà a completare la conoscenza degli elementi sostanziali necessari per affrontare il terzo capitolo nel quale si parlerà di comunicazione multimediale in tutti i suoi aspetti e peculiarità, inclusi interattività, ipertestualità e ipermedialità.

Inoltre, ambire ad una comunicazione efficace attraverso i prodotti multimediali, vuol dire passare inevitabilmente attraverso la fase di progettazione della comunicazione multimediale. Se ne parlerà nel quarto capitolo, nel quale verranno analizzate tutte le sue fasi costitutive, ovvero, la pianificazione, la preparazione dei contenuti, la realizzazione del prodotto multimediale ed il controllo dell'efficacia comunicativa.

Si arriva dunque al nocciolo del libro, il quinto capitolo, nel quale analizzeremo come gestire i contenuti dei prodotti multimediali in maniera efficace. In particolare verranno discusse tematiche relative a come implementare un blog efficace, presentazioni multimediali per briefing, conferenze e seminari, sia per quanto riguarda la preparazione delle slide che per quello che concerne l'esposizione orale.

Ci sarà inoltre spazio per l'analisi dei linguaggi non verbali della comunicazione ed i prodotti quali forum, chat, SMS che ne fanno maggiormente uso.

Il sesto capitolo sarà invece dedicato all'ultimo tassello dell'efficacia comunicativa, ovvero, come pubblicizzare il nostro prodotto multimediale in funzione anche degli elementi sostanziali della persuasione pubblicitaria.

Con la consapevolezza, infine, che l'efficacia comunicativa sia un obiettivo difficile da raggiungere, auspico che questo manuale possa costituire un valido strumento comunicativo che faccia meglio comprendere le dinamiche espresse dalla comunicazione multimediale.

Ringraziandovi per aver posato lo sguardo su questo libro, non mi rimane che augurarvi una buona lettura.

Nicola Amato

1. Che cos'è la comunicazione?

Gli elementi vitali della nostra esistenza sono tre: riprodursi, nutrirsi, comunicare. Sin dall'era primordiale l'uomo è sempre stato legato indissolubilmente a queste tre esigenze vitali: il riprodursi per poter garantire la continuità della specie, il nutrirsi per la sopravvivenza fisica, il comunicare per interagire con i suoi simili e per facilitare l'attuazione dei primi due elementi.

La comunicazione dunque sembra essere alla base del nostro essere, soprattutto oggi, in virtù del fatto che i processi comunicativi si sono dovuti adeguare a quelli che sono stati gli sviluppi tecnologici. La comunicazione infatti, nel corso degli anni, è andata di pari passo con l'evoluzione tecnologica dei sistemi informativi. Se da una parte il computer si è evoluto ad una velocità vertiginosa orientandosi sempre di più verso le dinamiche della comunicazione, pensiamo a Internet ed a tutte le occasioni comunicative che ci offre attraverso e-mail, chat, forum, blog, siti web, etc., dall'altra, la comunicazione stessa ha sempre orientato il suo utilizzo in funzione della tecnologia che man mano ha avuto a disposizione nel corso degli anni.

Entrambi, dunque, hanno avuto un'evoluzione che li ha visti correre su binari paralleli verso una destinazione comune: la digitalizzazione dell'informazione e, di conseguenza, la comunicazione multimediale.

Chi si appresta a leggere questo libro ne converrà con me che, in questa sede in cui si parlerà abbondantemente di multimedialità, non possiamo esimerci dal definire preliminarmente ed inequivocabilmente la comunicazione. Tutto ciò ci aiuterà a comprendere meglio l'importanza che riveste una comunicazione multimediale efficace inserita nell'odierno contesto tecnologico e digitalizzato.

Iniziamo allora con la terminologia.

1.1 Cosa vuol dire comunicare

Iniziamo dunque col dire che il termine comunicazione, un po' come quasi tutta la terminologia della lingua italiana, deriva dal latino (*cum* = con, e *munire* = legare, costruire) e può essere inteso come un processo di interscambio di informazioni. Dal punto di vista semantico ha inoltre il significato di "far conoscere", "render noto".

Questo interscambio di informazioni, da cui scaturisce poi il concetto di comunicazione, comporta ovviamente la presenza di un'interazione tra soggetti diversi: si tratta in altri termini di un'attività che presuppone un certo grado di cooperazione tra i soggetti interessati alla comunicazione. Infatti, ogni processo comunicativo avviene in entrambe le direzioni e, secondo alcuni, non si può parlare di comunicazione là dove il flusso di segni e di informazioni sia unidirezionale. Da ciò ne deriva che, se un soggetto può parlare a molti senza la necessità di ascoltare, come può avvenire ad esempio nel caso di un comizio elettorale, siamo in presenza di una semplice trasmissione di segni o informazioni e non si tratterebbe di comunicazione vera e propria.

Vedremo comunque nel proseguo del capitolo le motivazioni di fondo di quest'ultima affermazione.

Nel processo comunicativo ci troviamo così di fronte a due polarità: da un lato la comunicazione come atto di cooperazione, in cui due o più individui "costruiscono insieme" una realtà e una verità condivisa; dall'altro la pura e semplice trasmissione, unidirezionale, senza alcuna possibilità di replica.

Negli strati intermedi, naturalmente, ci sono le innumerevoli e diverse occasioni comunicative che tutti noi viviamo ogni giorno in famiglia, a scuola, in ufficio, in città.

Quando, allora, possiamo parlare nello specifico di comunicazione vera e propria?

Partendo dalla considerazione oggettiva, che ci porta ad affermare che il processo comunicativo ha una intrinseca natura bi-direzionale, si può dunque parlare di comunicazione quando gli individui coinvolti vestono i ruoli sia di emittenti che di riceventi i messaggi. Facciamo qualche esempio pratico.

Non sconcertatevi se vi dico che se noi mandiamo ad esempio una e-mail ad un nostro amico non stiamo attuando un processo comunicativo ma un semplice trasferimento di informazioni. Diventerà comunicazione vera e propria solo quando il nostro amico, in questo caso il ricevente della comunicazione, ci invierà una risposta. In quest'ultimo caso assumerà anche il ruolo di emittente della comunicazione e voi, a vostra volta, diventerete anche il ricevente. Allo stesso modo, si può parlare di comunicazione solo quando riceviamo una risposta ad una lettera che abbiamo precedentemente inviato, oppure quando riceviamo un commento sul nostro blog, o ancora, quando qualcuno risponde ad un nostro post su di un forum. In pratica, si può parlare di comunicazione ogni qualvolta che, chi inizia una qualsiasi forma di interazione, riceve una risposta sotto qualsiasi forma essa venga espressa, il cosiddetto feedback.

Nel caso invece delle interazioni verbali di tipo orale, il processo comunicativo viene attuato non appena si riceve una qualsiasi risposta, non necessariamente verbale, e legata alla mimica facciale ed alla gestualità. Questo perché, in realtà, anche in un monologo chi parla ottiene dalla controparte un feedback continuo, anche nel caso in cui riceva un messaggio del genere: "parla quanto vuoi, io non ti ascolto". Questo fenomeno è stato riassunto con il principio, attribuito a Paul Watzlawick, psicologo austriaco della Scuola di Palo Alto, da poco scomparso, a cui si deve la diffusione dell'approccio allo studio della comunicazione e ai problemi umani, secondo il quale, in una situazione di prossimità tra persone, "non si può non comunicare". Perfino in una situazione anonima, come in un autobus o un vagone della metropolitana, noi emettiamo per i nostri vicini continuamente segnali non verbali (che significano pressappoco "*anche se sono a pochi centimetri da te, non ti minaccio e non intendo immischiarmi nella tua sfera intima*"), e i nostri compagni di viaggio accolgono il messaggio, lo confermano e lo rinforzano ("bene; lo stesso vale per me nei tuoi confronti").

Questo perché la comunicazione non è solo quella verbale o i gesti e le espressioni che la completano, ma l'insieme degli atteggiamenti che determinano ogni nostra azione, compresa quella di evitare ogni rapporto con l'esterno.[1]

"L'attività o l'inattività, le parole e il silenzio (...) influenzano gli altri e gli altri, a loro volta, non possono non rispondere a questa comunicazione e in tal modo comunicano anche loro".[2]

Analizzando dunque il principio di Watzlawick sopra esposto, si deduce che "il comportamento non ha un suo opposto. È impossibile, infatti, per un essere umano mostrare un 'non-comportamento'. Ora, se si accetta che l'intero comportamento in una situazione di interazione abbia valore di messaggio, vale a dire che è comunicazione, ne consegue che comunque ci si sforzi non si può non comunicare".[3]

Appurato quindi che i processi comunicativi avvengono a prescindere dalla nostra volontà di farlo, entriamo ora nei dettagli dei componenti, o come più correttamente definiti, "segni", che danno vita alla comunicazione.

Secondo i canoni ufficiali che identificano inequivocabilmente la comunicazione, si distinguono diversi elementi che concorrono a realizzare ogni singolo atto comunicativo e che si contraddistinguono per la loro imprescindibilità. Questo vuol dire che sono dei segni sostanziali caratterizzati da una condizione di "sine qua non"; ossia, se manca uno solo dei seguenti elementi non possiamo parlare di comunicazione:

---

[1] P. FRIGNANI, P. RIZZATI, *Didattica della comunicazione*, Tecom Project, Ferrara, 2003.

[2] P. WATZLAWICK, J. BEAVIN, D.D. JACKSON, *Pragmatica della comunicazione umana*, cit., p. 42, Astrolabio, Roma, 1971.

[3] M.A. VILLAMIRA, Comunicazione *e interazione*, cit., p. 216, Franco Angeli, Milano, 1995.

Emittente: è la fonte delle informazioni che effettua la codifica di queste ultime in un messaggio e le invia al destinatario; è colui in pratica che inizia il processo comunicativo;

Messaggio: è l'oggetto della comunicazione;

Ricevente: è il destinatario del messaggio che lo decodifica, lo interpreta e lo comprende;

Codice: è la parola parlata o scritta, un'immagine, il tono impiegato per formare il messaggio;

Canale: è il mezzo di propagazione fisica del codice e può essere rappresentato da onde sonore o elettromagnetiche, scrittura, bit elettronici, etc.;

Contesto: si tratta dell'ambiente significativo all'interno del quale si colloca l'atto comunicativo.

Questo modello di rappresentazione del processo comunicativo fu introdotto alla fine degli anni Quaranta da due ingegneri statunitensi, Claude Shannon e Warren Weaver, i quali intendevano in tal modo illustrare in modo schematico la struttura della comunicazione telefonica.

Qualche anno dopo, il grande linguista e semiologo russo Roman Jakobson, applicò questo modello a tutti i processi comunicativi, elaborando uno schema chiamato "circuito elementare della comunicazione". Secondo lo studioso, il processo di comunicazione funziona in questo modo: un mittente, ovvero colui che ha intenzione di comunicare, invia un messaggio a un destinatario.

Affinché il messaggio risulti comprensibile, innanzitutto è indispensabile che ci sia il riferimento a un contesto, ossia la situazione comunicativa, che il destinatario possa afferrare.

Deve inoltre esistere un codice condiviso sia dal mittente che dal destinatario, che consenta al primo di codificare il messaggio e al secondo di decodificarlo. Infine, si deve stabilire un canale che connetta il mittente al destinatario, così che la comunicazione si attui concretamente.[4]

Per una migliore comprensione del circuito elementare della comunicazione, vi propongo il seguente schema a titolo esemplificativo.

Prendiamo per esempio una qualsiasi azienda, in questo caso il mittente della comunicazione, che intende inviare un messaggio a dei destinatari della comunicazione. Poniamo si tratti della presentazione di un nuovo prodotto a una platea di giornalisti esperti del settore merceologico trattato dall'azienda.

La presentazione viene fatta attraverso il canale dell'esposizione orale, utilizzando quindi come codice il linguaggio verbale, nel contesto di una conferenza stampa. Pensate per un attimo cosa succederebbe se dovesse mancare uno solo degli elementi comunicativi citati. Potremmo in tal caso parlare di comunicazione? Certamente no!

---

[4] S. GENSINI, a cura di, *Manuale della comunicazione*, Carocci, Roma, 2002.

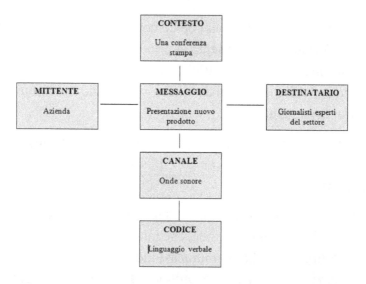

Successivamente, Jakobson osservò che in ogni processo comunicativo non erano solo presenti i sei elementi citati ma, associato ad ogni singolo segno, vi era inevitabilmente la presenza di una relativa funzione che il segno svolgeva.

Con il termine funzione si indicano gli impieghi, gli scopi che attraverso un atto linguistico si possono conseguire, anche oltre le intenzioni del mittente. Gli scopi con cui comunichiamo sono svariati e comunque connessi alle circostanze; non è possibile dunque effettuare una classificazione completa delle funzioni del linguaggio, perché ciò equivarrebbe a classificare le azioni umane e le loro finalità, ed è praticamente impossibile. Questi i motivi per cui le funzioni di Jakobson, di seguito esposte, non sono riferite a tutte le funzioni in assoluto che il linguaggio può espletare, bensì sono da considerare a scopo orientativo ed in linea generale.

La **funzione espressiva** è quella che comunica lo stato emotivo del mittente, per esempio noia, fastidio, sofferenza, caldo, nervosismo, irascibilità, gioia, etc. Questa funzione, ove svolta attraverso atti comunicativi sincroni e del tipo "faccia a faccia", viene assolta attraverso, per esempio, gli atti prossemici attraverso i quali il mittente gestisce lo spazio tra sé e il suo interlocutore, oppure tramite il tono di voce ed il suo volume, o ancora tramite la mimica facciale e la gestualità. Quando invece ci troviamo di fronte ad un tipo di comunicazione asincrono, quale per esempio una e-mail, la funzione espressiva viene assolta tramite i linguaggi non verbali della comunicazione, nello specifico, attraverso il tipo di scrittura, l'uso delle maiuscole per significare che si sta urlando, l'utilizzo degli emoticon, e così via.

La **funzione poetica** è quella che dirige il senso della comunicazione verso il messaggio e i giochi formali che lo realizzano. Contrariamente a quanto si possa erroneamente pensare, la funzione poetica non è specifica della poesia, ma ha luogo tutte le volte che, anche nel linguaggio comune, cerchiamo di valorizzare in modo speciale le risorse linguistiche utilizzate per potenziarne il significato. Serve in pratica ad attirare l'attenzione del destinatario sul messaggio dando alle parole un'enfasi particolare.

La **funzione conativa**, dal latino *"conor"* che vuol dire "obbligo", comunica l'influenza che si vuole esercitare sul destinatario, la direzione che il testo dà ai comportamenti e ai pensieri del ricevente. In genere viene utilizzata la forma imperativa e i pronomi di seconda persona singolare o plurale. Oltre agli ordini, sono atti linguistici a connotazione conativa le domande, le istruzioni per eseguire un'attività e tutti quei testi che richiedono a chi li riceve di fare o dire qualcosa.

La **funzione metalinguistica**, che si riferisce al codice e quindi al linguaggio verbale, si sofferma sulla forma, sulla grammatica, sulla sintassi. È il linguaggio che descrive se stesso. Un esempio di funzione metalinguistica può essere rappresentato dall'inserimento di una frase di questo tipo all'interno del messaggio: *"...quando dico 'canale' mi riferisco a..."*, oppure: *"...la parola 'linguistica' vuol dire..."*.

La **funzione fàtica**, inerente il canale, non è altro che la sollecitazione da parte del mittente ad attivare e mantenere l'attenzione del destinatario verso il messaggio. In sostanza, l'emittente cerca di verificare la tenuta della conversazione da parte del destinatario attraverso frasi del tipo *"Mi segui?"* o *"Hai capito cosa intendo dire?"*.

La **funzione referenziale** descrive il contesto ed orienta la comunicazione verso lo stato di cose cui il testo fa riferimento. Inoltre, la citazione di eventi o relazioni tecniche servono a descrivere l'ambito in cui avviene la comunicazione.

1.2 Le tipologie della comunicazione

Una volta acquisite le basi concettuali della comunicazione, vediamo ora di fare in modo di non perderci nel marasma delle varie tipologie comunicative che abbiamo a disposizione. Anche perché, in virtù del fatto che lo sviluppo tecnologico ha ampliato le possibilità comunicative, potrebbe crearsi nell'utente finale una certa confusione sulle varie tipologie comunicative esistenti.

Diciamo allora che esistono diversi tipi di classificazione degli atti comunicativi, che possono comunque essere riassunti in due grossi blocchi: quello relativo ai rapporti emittente-destinatario e quello concernente la spazialità e la temporalità della comunicazione.

Vediamoli entrambi.

Per quanto riguarda le interazioni tra emittente e destinatario esistono sostanzialmente tre tipologie di comunicazione:

Uno-a-molti è un tipo di comunicazione prevalentemente unidirezionale, dove un solo emittente si rivolge ad una pluralità di destinatari. Esempi possono essere rappresentati da un comizio elettorale, da un giornalista che scrive un articolo su di un giornale, da un programma televisivo, da un seminario, ma anche da una lezione in classe o da un sito Web, e così via. Molto spesso, più che di comunicazione nel senso stretto del termine, si tratta di semplice passaggio di informazioni da una persona a tante altre, a meno che non vi sia un feedback da parte del destinatario. In quest'ultimo caso diventerebbe una comunicazione bi-direzionale.

Uno-a-uno è invece il classico esempio di comunicazione bi-direzionale che vede due persone comunicare tra di loro assumendo entrambi le vesti di emittente e destinatario della comunicazione, in un continuo scambio di messaggi e feedback. Gli esempi di questo tipo di comunicazione sono tantissimi, come svariate sono le occasioni nella vita di tutti i giorni di interagire in questa maniera: in sostanza ogni volta che ci si trova a dialogare con un'altra persona e discernere del più o del meno, a prescindere dal canale comunicativo e dalla spazialità o temporalità in cui l'atto comunicativo si inserisce.

Molti-a-molti è una tipologia di comunicazione che, se mal gestita, porta al caos comunicativo. Si tratta in pratica di un tipo di comunicazione che vede molti emittenti comunicare con altrettanti diversi destinatari attraverso la mediazione di uno strumento informatico. Un esempio può essere rappresentato da un forum online oppure da una *chat room* dove tutti dialogano con tutti. É in ogni modo un tipo di comunicazione che, sebbene in partenza sembri caotico, alla fin fine si riduce sempre ad essere un tipo di comunicazione che ingloba in sé tante comunicazioni del tipo uno-a-uno.

Esaminiamo ora analiticamente le seguenti tipologie comunicative[5]: comunicazione in presenza, comunicazione a distanza, comunicazione mediata dal computer, per individuarne i tratti caratterizzanti e capire come i segni e le funzioni, di cui abbiamo parlato nel paragrafo precedente, agiscono in campo comunicativo.

Comunicazione in presenza.

È caratterizzata da una condivisione spazio-temporale tra gli attori della comunicazione ed è di tipo sincrono in quanto la comunicazione avviene nello stesso istante.

In altri termini, per fruire della comunicazione in presenza, è necessario che tutti gli interlocutori siano in un determinato posto in un determinato momento; essa si annulla nell'istante in cui si produce, è unica, immediata e irripetibile.

Dobbiamo dire inoltre che anche la comunicazione in presenza, come quella mediata che vedremo tra poco, richiede un certa "tecnica".

---

[5] A. CALVANI, M. ROTTA, *Fare formazione in Internet*, Erickson, Trento,2002.

Si tratta di conoscenze incorporate nella cultura, in qualche modo insite nel processo stesso di apprendimento del linguaggio naturale. Infatti, apprendiamo sin dai primi anni di vita le modalità del conversare, ossia, prendere la parola a turno, parlare ad una certa distanza, con un certo volume di voce, etc.

Le modalità dell'interazione nella comunicazione in presenza, possono assumere forme oscillanti che vanno da una relazione del tipo uno-a-molti ad una del tipo uno-a-uno, propria delle forme dialogiche.

Il tipo di comunicazione invece molti-a-molti, ovvero ognuno con tutti gli altri, è poco praticabile in questo contesto, in quanto il vincolo della presenza impone che si comunichi uno per volta, altrimenti diventa una torre di Babele di parole e l'efficacia comunicativa ne esce fortemente penalizzata.

Dal punto di vista semiologico, la comunicazione in presenza, essendo sostanzialmente di tipo orale, è strettamente correlata ai codici comunicativi tipici del linguaggio verbale, espressi nel paragrafo precedente. In quanto comunicazione orale, ci troviamo di fronte a quelle che sono generalmente le sue caratteristiche comuni quali la ridondanza, l'enfasi, il carattere partecipativo, l'effetto sui presenti.

Per cui, dal momento che la comunicazione orale è densa di possibili fraintendimenti o comunque sottoposta a impossibilità di rianalizzare, tornare indietro, fissare il senso dei concetti, gli elementi vengono allora rinforzati con la ripetizione o con l'enfasi.

Uno degli aspetti salienti di questo tipo di comunicazione è il ruolo esercitato dai codici paralinguistici, quali altezza, enfasi, tono della voce, dai codici mimico-gestuali che s'identificano nella postura, movimento, espressione del volto, e dai codici prossemici attuati attraverso l'avvicinamento o allontanamento fisico di chi sta parlando nei confronti di chi ascolta.

Questi elementi svolgono ruoli importanti di tipo regolativo, quando si vuole attenuare o rafforzare un concetto, operando rapidi aggiustamenti   sulla base del feedback ricevuto nel processo della comunicazione: uno sguardo degli occhi, un sorriso, un movimento delle mani può far assumere un senso anche opposto al discorso formulato attraverso le parole.

Comunicazione a distanza.

Nel suo modello classico, è un tipo di comunicazione dove non vi è alcuna condivisione spazio-temporale; è inoltre asincrono in quanto sicuramente l'invio del messaggio non avviene nello stesso istante della ricezione.

Nella comunicazione a distanza gli interlocutori comunicano in tempi diversi in luoghi differenti; pensiamo alla dinamica della comunicazione scritta di una lettera per esempio, oppure all'ipotesi di una registrazione di un messaggio video o audio che viene poi recapitato al destinatario, pensiamo ancora alla visione di una trasmissione televisiva precedentemente registrata, oppure all'invio di un SMS ad un utente che in quel momento ha il telefonino spento.

La comunicazione a distanza può essere però anche un tipo di comunicazione che, sebbene rispetti la consegna della non spazialità (diversamente non si potrebbe chiamare comunicazione a distanza), potrebbe avere una condivisione temporale, quale può essere per esempio l'azione di fare una telefonata che vada a buon fine.

Dal punto di vista della tipologia di interazione si riproducono, anche se amplificate dalla tecnologia, le modalità uno-a-uno e uno-a-molti.

Sul piano semiologico può sfruttare tutti i sistemi e codici tecnologici della comunicazione mediata. La caratteristica principale, infine, della comunicazione a distanza, è la sua organizzazione razionale, esaustiva, priva di ridondanze, conseguita attraverso una preventiva accurata progettazione.

Questo perché, non essendoci la possibilità di operare in maniera sincrona in quanto la comunicazione avviene in tempi e spazi diversi, gli interlocutori hanno tutto il tempo materiale per elaborare il contenuto della comunicazione.

Comunicazione mediata dal computer.

Questo è un tipo di comunicazione che adopera sostanzialmente lo strumento computer. Avremo modo di approfondire quest'argomento, quando parleremo della comunicazione multimediale nel terzo capitolo.

Diciamo solamente in questo contesto che è un tipo di comunicazione a distanza perché non vi è condivisione spaziale, in quanto i computer degli interlocutori sono distanti tra loro e in ogni modo si tratta di comunicazione nel quale il computer fa da mediatore e da interfaccia.

Può essere inoltre un tipo di comunicazione sincrona quando si utilizza per esempio una chat o un servizio di teleconferenza, ma può essere anche asincrona quando si invia una e-mail o si posta su un forum.

Dal punto di vista infine della tipologia di interazione, questo tipo di comunicazione è l'unico   che, in maniera completa ed efficace, sia in grado di garantire la comunicazione uno-a-uno, uno-a-molti, molti-a-molti.

2. Vecchi e nuovi media

Quando parliamo dei media, o meglio ancora dei mass media, ci riferiamo ai mezzi di comunicazione di massa, ovvero a quegli strumenti attraverso i quali è possibile trasferire informazioni verso una pluralità di destinatari indistinti. Ci riferiamo nello specifico alla stampa, cinema, radio, televisione, ma può essere considerato un medium anche il telefono o un semplice pezzo di carta su cui vi sia scritto un messaggio.

Sebbene questi media, definiti vecchi media o media analogici, non siano da considerare strumenti di comunicazione nel senso puro del termine, come del resto abbiamo visto nel capitolo precedente, volendo però forzare la mano potremmo definirla comunicazione del tipo uno-a-molti e quindi unidirezionale, anche se, in molti casi, è possibile che il ricevente della comunicazione abbia la possibilità di effettuare un feedback, attraverso per esempio una lettera di commento ad un articolo di un giornale.

In quest'ultimo caso ci troveremmo di fronte alla comunicazione vera e propria del tipo bi-direzionale, ovvero, il mittente ed il destinatario interagiscono tra loro ed entrambi ricoprono le vesti sia di emittente che di ricevente la comunicazione, come succede per i nuovi media e soprattutto come avviene attraverso la comunicazione multimediale di Internet.

L'avvento del Web, infatti, ha segnato l'inizio di un'era in cui ogni individuo ha la possibilità di esporre il proprio pensiero, divulgare informazioni e comunicare, interagire con i mass media.

A proposito della partecipazione dell'individuo all'attività comunicativa dei media, è molto interessante la distinzione che il sociologo canadese Marshall McLuhan[6] effettua dei media suddividendoli in "caldi" e "freddi".

Secondo questo studioso, esiste un principio che distingue un medium caldo come la radio o il cinema da un medium freddo come il telefono o la televisione.

Partendo dal principio che un medium non è altro che l'estensione dei nostri sensi, come se fosse una parte allungata di noi stessi, è da considerarsi caldo quel medium che estende un unico senso fino ad un'alta definizione, ossia fino a quando si è abbondantemente colmi di dati.

Per esempio, dal punto di vista visivo, una fotografia è un fattore di alta definizione, mentre un fotogramma di un cartone animato comporta una bassa definizione in quanto contiene una quantità limitata di informazioni visive.

Altro esempio è il telefono, che è da considerarsi un medium freddo in quanto attraverso l'orecchio si riceve una scarsa quantità e qualità di informazioni.

---

[6] M. McLUHAN, *Gli strumenti del comunicare*, il Saggiatore, Milano, 1987.

La naturale conseguenza di questo principio è che la distinzione tra media caldi e media freddi si traduce in termini di partecipazione dell'individuo alle attività comunicative dei media stessi. I media caldi, pertanto, fornendo dati in abbondanza, non lasciano molto spazio al pubblico il quale partecipa di solito in forma passiva.

Al contrario, i media freddi, proprio per il fatto di non fornire molte informazioni dal punto di vista visivo o uditivo, implicano un alto grado di partecipazione e completamento da parte del pubblico.

É naturale quindi, come osserva McLuhan, che un medium caldo come la radio abbia sull'utente effetti molto diversi da quelli di un medium freddo come il telefono; lo stesso si può dire di una conferenza la quale implica meno partecipazione di un seminario, o di un libro meno di un dialogo.

Un altro aspetto molto importante dei media da tenere in considerazione è quello dell'impatto sociologico. Aspetto tra l'altro molto importante da analizzare ai fini dell'efficacia comunicativa che ci siamo prefissati con questo manuale.

Nel corso degli anni è stata prodotta una vasta quantità di studi e ricerche sugli effetti causati dai media e ancora oggi gli esperti si dividono, secondo una famosa definizione del semiologo Umberto Eco, fra "apocalittici" e "integrati". Mentre per i primi i media hanno una portata sostanzialmente distruttiva rispetto alla socializzazione ordinaria, gli integrati sono propensi piuttosto a considerare gli esiti positivi e controllabili della socializzazione tramite i media.

Umberto Eco, nel suo testo intitolato "Apocalittici e integrati"[7], fa una meticolosa analisi degli aspetti negativi e positivi dei mass media e come questi esercitano un'influenza sulla società.

Secondo il semiologo, gli apocalittici ritengono che la tendenza dei media sia quella di andare incontro al gusto medio evitando l'originalità. In questo modo si paleserebbe una omologazione culturale, concetto tra l'altro già espresso da McLuhan quando parlava di villaggio globale, dove non esistono più differenziazioni culturali, che porterebbe il pubblico ad essere inconscio di sé come gruppo sociale, subendo quindi tale cultura.

Un altro aspetto negativo dei media è quello rappresentato dal fatto di essere sottomessi a leggi di mercato, diventando così oggetto di persuasione pubblicitaria. La naturale conseguenza di ciò è che il pensiero diviene sclerotizzato e costituito da slogan e citazioni, accompagnato da una compresenza di informazioni culturali e gossip, il tutto contornato dalla creazione di miti e simboli che spesso esulano dal conformismo di costumi, valori e principi sani che la società dovrebbe esprimere. D'altro canto, non possiamo esimerci dal dare il giusto valore agli aspetti positivi dei media. Infatti, la cultura di massa che i media creano non è identificabile con regimi capitalistici ma è anche espressione di democrazia popolare.

La cultura popolare si apre così a categorie sociali che prima non vi accedevano. I media inoltre, non solo soddisfano la necessità di intrattenimento, ma consentono la diffusione di opere culturali a prezzi molto bassi, sensibilizzando l'uomo nei confronti del mondo aprendo scenari prima negati.

---

[7] U. ECO, *Apocalittici e integrati*, Bompiani, Milano,1977.

In definitiva, Eco cerca di creare positività nel termine media, spesso usato con accezione negativa.

Non possiamo non essere d'accordo con lui quando asserisce che, essendo inseriti in una società industriale, non ci si può staccare dai media. L'industria culturale di per sé non è negativa, ma lo è il consumismo che vede il libro esclusivamente come oggetto da mercificare; quando però esso veicola dei valori, diviene strumento efficace per la loro diffusione.

I media dunque, nel bene o nel male, devono essere visti come agenti di socializzazione.

Come sappiamo, la socializzazione corrisponde all'apprendimento, da parte dei membri di una collettività, di valori, norme, e modelli culturali. Essi non vengono solo conosciuti, ma anche interiorizzati, così che la maggior parte dei desideri, delle aspettative e dei bisogni vi si conformano e gli individui percepiscono come naturale adottare certe scelte piuttosto che altre. Un tempo, i due tradizionali agenti di socializzazione erano la famiglia e la scuola, oltre che al gruppo dei pari, ossia quell'insieme di persone legate da interessi e aspettative comuni le quali interagiscono tra loro in modo ordinato.

Come abbiamo avuto modo di vedere, non possiamo però ignorare l'importanza sempre maggiore che acquisiscono le comunicazioni di massa nella socializzazione di tutte le generazioni.

La socializzazione svolta dai mass media dipende sia da strategie intenzionali, per cui, ad esempio, esistono libri, articoli, trasmissioni, siti Internet educativi o informativi, sia da effetti indiretti, come la socializzazione ai consumi che scaturisce dalla pubblicità.

Ad esempio, una serie di telefilm può contenere messaggi relativi a valori, modelli di vita, comportamenti tipici di un certo contesto storico-sociale, che hanno un potente effetto di socializzazione anche su di un pubblico che vive in realtà molto diverse.

La socializzazione prodotta dai media, inoltre, agisce su due livelli. Il primo, che possiamo definire socializzazione primaria, fornisce ai bambini una serie di valori, ruoli, atteggiamenti, competenze e modelli che precedentemente erano ad esclusivo appannaggio della famiglia, della comunità o della scuola.

Possiamo definirli dunque degli agenti paralleli di socializzazione. Il secondo livello è quello della socializzazione secondaria. I media, in questa fase, forniscono informazione e intrattenimento attraverso i quali le persone accrescono la propria consapevolezza sulla realtà sociale, allargano la sfera delle conoscenze che possono essere utilizzate negli scambi sociali, ricevono delle strutture interpretative.

Il ruolo dei mass media, in definitiva, è strettamente correlato ai fattori di socializzazione, costituendo così parte diligente del nostro tessuto sociale.

Ma entriamo nei dettagli. Nei prossimi due paragrafi analizzeremo singolarmente i media, suddividendoli in vecchi e nuovi, o meglio, in analogici e digitali.

2.1 I media analogici

Il primo strumento di comunicazione di massa e di interazione dell'uomo all'interno di una comunità, in epoca preistorica, è stato indubbiamente il suo stesso corpo in grado di esprimersi attraverso gesti e suoni. La pietra poi, con cui lo stesso uomo disegnava i graffiti, può essere considerata il suo primo medium esterno.

Successivamente, la tradizione orale delle conoscenze tramandate di padre in figlio avviò un processo evolutivo che portò a definire come media fondamentali tre principali veicoli d'informazione: il testo scritto, le immagini, i suoni.

É interessante notare come questi tre media, nel corso evolutivo della storia, siano rimasti sempre attuali e invariati dal punto di vista concettuale. Infatti, se consideriamo il testo scritto, l'uomo ha sempre acquisito le sue conoscenze e gestito la comunicazione proprio attraverso i testi scritti; pensiamo ai papiri antichi, oppure ai vecchi codici medioevali, ai testi stampati, sino ad arrivare ai nostri libri.

Stesso discorso vale per le immagini, dai primi graffiti sino alla fotografia moderna, che hanno sempre rappresentato una forma di trasmissione di informazioni proprio attraverso la loro iconicità ed il valore semantico a loro attribuito. I suoni infine, memorizzati sullo spartito mediante uno specifico linguaggio, oggi sono registrabili su supporti sia magnetici sia ottici e la loro funzione comunicativa resta intatta.

Per arrivare però a parlare di comunicazione di massa come la intendiamo oggi, bisogna arrivare nel periodo tra il XIX e il XX secolo dove lo sviluppo e l'espansione capillare dei mass media, un po' come è successo per la comunicazione in genere, hanno seguito di pari passo il progresso scientifico e tecnologico. I media infatti, oltre ad essere mezzi per veicolare le informazioni, sono anche oggetti tecnologici con i quali l'utente può interagire. In pratica, la spinta della tecnologia consentì la riproduzione di materiali informativi in gran quantità e a basso costo.

Le tecnologie di riproduzione fisica, come la stampa, l'incisione di dischi musicali e la riproduzione di pellicole cinematografiche, consentirono la riproduzione di libri, giornali e film a basso prezzo e destinati ad un ampio pubblico.

Per la prima volta la televisione e la radio consentirono la riproduzione elettronica di informazione. Tutto ciò perché, alle origini, i mass media erano basati su quella che era definita "l'economia della replicazione lineare", modello economico valido tutt'oggi, che dice che un'opera procura denaro in modo proporzionale al numero di copie vendute, ossia, al crescere del volume di produzione i costi unitari decrescono, incrementando ulteriormente i margini di profitto. Sulla base di questo principio e sull'onda dell'evoluzione tecnologica, i mass media furono i fautori di grandi successi e fortune degli imprenditori dell'epoca.

Ma i vecchi media non sono solo stati legati ad economie di mercato, ma hanno avuto anche implicazioni di tipo politico. Nel corso del tempo, infatti, si è diffusa l'idea, più che legittima, che in una società democratica, affinché la democrazia possa dirsi completa, debbano essere presenti dei mezzi di informazione indipendenti in grado di tenere informati i cittadini su argomenti riguardanti lo Stato e su tutto ciò che lo riguarda.

Secondo quest'ottica, nell'ambito del principio fondante delle democrazie liberali, ovvero la separazione dei poteri, oltre all'esecutivo, al giuridico e al legislativo, il ruolo dei media come fonti di informazione per i cittadini andrebbe considerato come un "quarto potere" da rendere autonomo rispetto agli altri.

Per questi motivi alcuni credono che il più grande rischio per la democrazia sia la concentrazione della proprietà dei media. In particolare, al giorno d'oggi, sono le televisioni la principale fonte informativa, perché solo una ridotta minoranza di persone legge libri e giornali e solo da poco si sta assistendo al boom del web come fonte di informazioni, sebbene permanga il problema dell'attendibilità delle fonti Internet.

Quindi alle TV va posta particolare attenzione. Alcuni paesi, come la Spagna nel 2005, hanno avviato riforme rivolte a rendere indipendenti le televisioni pubbliche dai controlli politici, mentre altri, come l'Italia, hanno una TV pubblica che è fortemente condizionata dalle maggioranze politiche che di volta in volta si affermano alle elezioni; per non parlare poi di quelle private. Ma non è questa la sede adatta per disquisire dei rapporti politica-televisione.

2.1.1 La televisione come agente di socializzazione

La nascita della televisione ha dato sicuramente un grosso impulso ai fenomeni di socializzazione dei mass media.

Pier Paolo Pasolini[8] intuì subito i cambiamenti sociali e culturali prodotti dalla massificazione televisiva. Iniziò ad accorgersi che tutti i giovani di borgata avevano iniziato a vestire, comportarsi e pensare in modo analogo. Se prima di allora per Pasolini si poteva distinguere un proletario da un borghese, oppure un comunista da un fascista, già agli inizi degli anni Settanta non era più possibile in quanto l'omologazione sociale in Italia si stava allargando a macchia d'olio.

Pasolini chiamò questi fenomeni mutazione antropologica, termine mutuato dalla biologia in quanto la mutazione genetica è determinata prima dalla variazione e poi dalla fissazione. Nel

---

[8] P.P. PASOLINI, *Lettere luterane*, Einaudi, Torino,1976.

caso della mutazione antropologica, la variazione delle mode e dei desideri della collettività viene di solito decisa prima nei consigli d'amministrazione delle reti televisive e poi viene fissata nelle menti dei telespettatori tramite la persuasione pubblicitaria.

La televisione dunque, sin dai suoi esordi, ha sempre rappresentato un fattore molto importante di socializzazione andando ad adoperarsi come aggregatore sociale. Infatti, sia agli albori della TV quando aveva il potere di riunire una folta schiera di persone e tenerle incollate davanti agli schermi, sia oggi che rappresenta il collante sociale delle famiglie le quali si trovano sedute a tavola a discernere dei vari argomenti proposti in quel momento in TV, la televisione rappresenta indubbiamente un potente mezzo di socializzazione e di condivisione culturale.

Nonostante ciò, c'è chi, spesso giustamente, asserisce che la televisione rappresenta un ostacolo comunicativo che agisce negativamente sulle interazioni sociali.

Ad onor del vero, c'è da dire però che il valore di quest'ultima asserzione dipende, come per tutte le cose, anche le migliori, dall'uso che se ne fa della TV. Tutti gli strumenti comunicativi, infatti, necessitano di un uso razionale; in caso contrario avremmo sicuramente degli effetti diversi da quelli auspicati.

Un altro aspetto peculiare, sollevato da molti critici preoccupati delle conseguenze sui bambini, è quello della tendenza ultimamente di fare un uso indiscriminato della televisione, in quanto mezzo di comunicazione di massa, soprattutto per quello che concerne l'attività diseducatrice delle scene di violenza gratuite che molto spesso popolano i nostri schermi.

Karl Popper, in *"Cattiva maestra televisione"*[9], analizzando i contenuti dei programmi e gli effetti sugli spettatori televisivi, giunge alla conclusione che il piccolo schermo sia diventato ormai un potere incontrollato, capace di immettere nella società ingenti dosi di violenza. La televisione cambia radicalmente l'ambiente e da esso, così brutalmente modificato, i bambini traggono i modelli da emulare. Il risultato è devastante: stiamo facendo crescere tanti piccoli criminali.

Dobbiamo fermare questo meccanismo prima che sia troppo tardi. La televisione ultimamente è peggiorata e se non si agisce subito tenderà inesorabilmente a peggiorare per una sua legge interna, quella dell'audience, che Popper formulava più familiarmente come *"legge dell'aggiunta di spezie"*, che servono a far mangiare cibi senza sapore che altrimenti nessuno vorrebbe.

Se ci pensiamo bene, la televisione raggiunge una grande quantità di bambini, più di quelli che neppure la più affascinante maestra d'asilo riesce a vedere nell'arco di una vita. Conclude Popper, che la televisione conta più dell'asilo e della scuola materna e si trova a fare il mestiere della maestra, ma non lo sa e per questo è una cattiva maestra.

Ora, al di là delle apocalittiche e colorite previsioni di Popper di vederci in futuro girare per le città dei mostri cresciuti davanti alla TV, c'è da dire che comunque il problema di fondo esiste, ovvero: c'è troppa violenza in televisione, soprattutto in orari tipici in cui i bambini stanno incollati davanti agli schermi.

Il problema purtroppo non è solo la TV ma anche i videogiochi, sempre più colmi di scene di violenza. Secondo la psicologia moderna, assistere continuamente a spettacoli violenti causa degli effetti negativi in una mente ancora in fase di formazione come

---

[9] K. POPPER, J. CONDRY, *Cattiva maestra televisione*, Reset, 1994.

quella del bambino. Potrebbe causare una permanente difficoltà a distinguere la realtà dalla finzione per esempio, anche in virtù del fatto che molto spesso nessun adulto è presente per fare da mediatore e chiarificatore. Si potrebbero verificare dei fattori di disumanizzazione, sia orientata sul soggetto in quanto di fronte a tanta violenza il bambino potrebbe acquisire una vera mancanza di empatia nella sofferenza altrui, sia sull'oggetto perché il bambino potrebbe iniziare a ritenere che in fondo gli altri non sono altro che oggetti. Di conseguenza, la televisione violenta potrebbe diventare istigatrice di azioni aggressive.

Per gli adulti capaci di intendere e di volere, invece, assistere a spettacoli violenti potrebbe non determinare alcun effetto negativo. Popper si inserisce nella lunga serie degli studi che evidenziano effetti disastrosi, considerando la TV come un mezzo prevalentemente unidirezionale, con contenuti statici, somministrati ad un pubblico passivo, ma altri considerano i media soprattutto come una straordinaria opportunità di globalizzazione, quella intesa in senso positivo del termine.

Non è dunque da censurare completamente la TV, come asserisce Popper. Sarebbe opportuno piuttosto avviare un processo di regolamentazione dei contenuti, convincendo i produttori televisivi e gli investitori commerciali a rinunciare ad un po' di audience in favore della qualità dei contenuti. Ma sappiamo benissimo che questo è un processo lungo, tortuoso e con tante insidie.

2.1.2 Nascita ed evoluzione della stampa nel contesto sociale

Analizziamo ora la stampa, altro importante media analogico, ossia nato prima dell'avvento dell'era digitale, sulla base anche degli studi sulla comunicazione effettuati dal Censis[10] e riportati da Livraghi G. in *Cenni di storia dei sistemi di informazione e di comunicazione in Italia nel terzo rapporto del Censis sulla comunicazione di marzo 2004, reperibile sull'URL* http://gandalf.it.

Un fatto forse un po' dimenticato è che l'Italia ha avuto un ruolo fondamentale nello sviluppo della comunicazione stampata. Sono passati più di cinquecento anni da una delle rivoluzioni fondamentali nella storia della comunicazione.

Metodi di stampa esistevano da secoli ed erano usati, talvolta, anche per riprodurre testi scritti, i quali si stampavano in xilografia, usando incisioni in legno, ma anche con caratteri mobili. Ma un cambiamento radicale era inevitabile, perché lo richiedeva la cultura rinascimentale e lo consentivano le risorse tecniche disponibili.

Fu Johann Gutenberg, nel 1450, a trovare la "convergenza" di diverse tecnologie che si erano sviluppate nella prima fase dell'era industriale. La metallurgia, che si era evoluta non solo per usi militari, fornì le basi per la fusione dei caratteri, le tecnologie del torchio poi, nate dai mulini, offrirono le risorse per la stampa, l'evoluzione della chimica inoltre portò a nuovi tipi di inchiostro e la produzione della carta aveva avuto, specialmente a Fabriano,

---

[10] G. LIVRAGHI, *Cenni di storia dei sistemi di informazione e di comunicazione in Italia*, Terzo rapporto del Censis sulla comunicazione, marzo 2004, reperibile sull'URL http://gandalf.it

una notevole evoluzione, sia per la meccanizzazione dei sistemi produttivi, sia per la costanza di qualità del prodotto.

Un'intelligente combinazione di risorse diverse consentì a Gutenberg di consegnarci uno strumento che ha contribuito in modo molto rilevante all'evoluzione della cultura della società umana.

Ma il passo determinante, cioè la nascita dell'editoria, avvenne quaranta anni dopo a Venezia per opera dell'umanista Aldo Manunzio il quale, non solo inventò un nuovo carattere, l'aldino, progenitore di tutti quelli moderni, ma anche uno stile di impaginazione da cui ancora oggi possiamo imparare. Fu inoltre il primo a numerare le pagine per facilitare la lettura e la consultazione e migliorò la leggibilità dei testi con un uso più sapiente degli spazi e della punteggiatura. Sviluppò concetti fondamentali per la cultura editoriale, come la redazione dei libri e le edizioni critiche dei testi classici.

Le tecniche di stampa, dunque, si sono evolute nel tempo, ma mantengono sostanzialmente la loro impostazione originaria. L'editoria si è molto evoluta e arricchita, ma è rimasta sostanzialmente quella che aveva impostato Aldo Manunzio.

Sebbene il suo grande sviluppo venne con l'uso della stampa, il libro non è nato con l'invenzione della stampa. Infatti, libri e biblioteche esistevano già cinquemila anni fa. Uno degli strumenti fondamentali dell'umanità "stanziale", educatrice di villaggi e di città, era la conservazione della parola scritta. Che fossero raccolte di documenti di coccio, rotoli di papiro o altri supporti di scrittura, erano comunque libri.

Ma il libro come lo conosciamo oggi, fogli piegati, cuciti e rilegati, esiste da meno di duemila anni. Si diffuse fra il secondo e il quarto secolo d.c., era di pergamena e si chiamava "codice", mentre il "volume" era quello avvolto, cioè arrotolato.

Fin dalle origini, non c'è mai stata un'epoca in cui i libri fossero solo "letteratura". Le più antiche raccolte di testi scritti, infatti, non erano quelle di poesia o narrativa, le quali rimasero per un po' più di tempo affidate alla tradizione orale, ma di norme, leggi, documenti contabili o commerciali, contratti, rituali religiosi o di comportamento, o manuali tecnici e pratici di varie confraternite professionali.

Altri prodotti editoriali nati a seguito dell'evoluzione tecnologica della stampa sono i quotidiani ed i periodici. Pare che la prima forma di giornalismo fosse la diffusione di notiziari manoscritti, nell'Europa rinascimentale, fra i mercanti che si scambiavano notizie sulla situazione economica, politica e militare, su usanze, costumi e tendenze, con contenuti anche umanistici e culturali.

I primi precursori dei giornali furono i bollettini stampati, spesso sensazionalistici, diffusi in Germania nella seconda metà del Quattrocento. Seguirono varie forme di comunicazione stampata, ma uscivano irregolarmente, quando c'era qualche notizia da diffondere, senza una precisa periodicità.

I periodici, più antichi dei quotidiani, si dimostrarono fin dalle origini un mondo vario e complesso. I "giornali" più antichi uscivano con periodicità diverse, spesso discontinue. Solo nel XIX secolo si è cominciata a tracciare una linea di divisione fra quotidiani, settimanali, mensili e varie pubblicazioni a diversa periodicità.

Già nelle prime fasi di evoluzione c'erano, oltre a quelle generali di informazione, testate specialistiche, fra cui alcune di notevole rilievo scientifico o culturale. Fra le più antiche forme di periodici possiamo collocare gli almanacchi, nati dallo studio delle stagioni nelle culture agricole, ma spesso arricchiti di contenuti di diversa specie.

Fu estesa e complessa la proliferazione di testate a partire dal XVII secolo quando, intorno ad alcuni periodici, si aggregarono importanti movimenti culturali che diedero vita a una ideologia orientata alla libertà di stampa la quale ebbe in tutti i paesi ed in particolare in Italia, un'evoluzione complessa, con fasi di progresso e periodi di repressione e censura.

Fin dall'inizio si scatenò il contrasto fra la libertà di stampa e la volontà del potere di controllarla. Ci furono parecchi esempi di "asservimento" di testate ai governi o ad altri centri di potere e ci furono molteplici forme di censura e di limitazione della libertà di stampa.   Era cominciata così una vicenda che, con varie evoluzioni e mutamenti nella storia, al giorno d'oggi è tutt'altro che conclusa. Anche la stampa, quindi, come agente di socializzazione, ha avuto ed ha, un forte impatto sulla cultura, sui comportamenti umani, sulla comunicazione, assumendo un ruolo di vitale importanza nella società, con risultati molto simili a quelli che abbiamo visto per la televisione.

2.1.3 I mezzi audiovisivi e la radio

La comunicazione audiovisiva è antica quanto l'umanità. Infatti, fin dalla preistoria si comunicava per suoni e per immagini. Non solo la comunicazione personale, fatta di gesti, suoni e parole, è intrinseca al concetto di "essere umano", ma anche la comunicazione collettiva, dapprima del branco o tribù, poi di più ampie comunità, si è sempre attuata in forme organizzate di espressione basate sul suono, sull'immagine o su una combinazione delle due cose. Si è evoluta nel tempo anche la comunicazione a distanza, con diversi usi del suono, dai tamburi alle campane, e vari generi di segnali visivi, come i segnali di fuoco o di fumo, bandiere, specchi, etc.

Esistevano addirittura forme antiche di "telegrafo", come la catena di fuochi nella notte che permise a Giulio Cesare di comunicare con Roma dalla Gallia.

Forme complesse di comunicazione audiovisiva si erano sviluppate più di duemila anni fa nel teatro, con macchine, scenografie ed "effetti speciali" di notevole complessità. Anche l'uso della musica nel teatro, oltre che in varie cerimonie pubbliche, era abituale molto prima che nascesse il melodramma, cioè l'opera lirica come si è sviluppata negli ultimi trecento anni.

Naturalmente molto è cambiato con le risorse moderne, ma è bene ricordare che ci sono esperienze antiche su cui si basa l'uso di strumenti nuovi. Anche perché nessuna delle forme di comunicazione di cui ci serviamo oggi è priva di radici nel passato delle culture umane.

Non sempre però le risorse tecniche di cui oggi disponiamo sono usate bene. Quando la ricerca di "effetti" prende il sopravvento sui contenuti, le tecnologie, invece di offrire un vantaggio, si trasformano in un danno. Questo non accade solo nel cinema, nella televisione o su Internet, ma anche in molti altri casi.

Per quanto concerne invece la radio, dobbiamo ricordare che alla sua nascita il telegrafo esisteva già dal 1844 e il telefono dal 1877. La possibilità di trasmettere con le "onde hertziane" era nota da quando l'aveva dimostrata Rudolph Hertz nel 1888. Guglielmo Marconi aveva fatto i primi esperimenti di trasmissione a distanza nel 1895 e ottenuto un collegamento fra l'Inghilterra e la Francia nel 1897. Nel 1901, invece, realizzò la prima trasmissione transoceanica, che apriva la via alle comunicazioni su scala "globale".

Ma si trattava di telegrafo in codice "digitale" (alfabeto Morse) e non era broadcasting, ovvero comunicazione diffusa. Anche perché le "radiodiffusioni" sono un concetto completamente diverso dal "telegrafo senza fili" e né Marconi né altri in quel periodo avevano immaginato che potesse nascere qualcosa come la radio. Infatti, si sviluppò vent'anni più tardi.

Dopo gli esperimenti fra il 1906 e il 1916, la prima emittente radiofonica nacque nel 1920 negli Stati Uniti e, negli anni seguenti, la radio si diffuse in anche in Europa, per arrivare in Italia nel 1924.

I sistemi di "audio registrazione" invece nacquero molto prima della radio. Nel 1877, lo stesso anno in cui nacque il telefono, Thomas Edison aveva brevettato il "fonografo", un registratore a cilindro pensato inizialmente come strumento per la voce, cioè un "dittafono", ma si capì quasi subito che poteva essere usato anche per la musica. Il primo grammofono a disco fu realizzato da Emile Berliner in Germania nel 1887 e la sua prima applicazione "commerciale" fu un disco di brani cantati da Enrico Caruso registrato a Milano nel 1902.

Da allora la "discografia", passando attraverso diverse fasi, ebbe una crescente diffusione il tutto il ventesimo secolo, favorita soprattutto all'inizio dalle trasmissioni di musica per radio. Dal 1948 cominciò a diffondersi la riproduzione dei suoni, in particolare della musica, su nastro magnetico e dal 1979 quella "digitale" su supporti ottici, i cosiddetti compact disk. Sino ad arrivare alla nascita di Internet, ma più intensamente dal 2000, ove si assiste alla diffusione diretta della musica registrata, con tutte le polemiche che ne derivano per la contrapposizione fra il "diritto d'autore" e la "libertà di copiare".

Il cambiamento portato dalla radio, dunque, fu una trasformazione profonda dei sistemi di comunicazione. Il concetto di broadcasting, di trasmissione estesa e immediata, non era mai stato pensabile, nella storia dell'umanità, su una scala così ampia.

Con la nascita della radio siamo entrati in quella realtà di comunicazione immediata e "globale" che rende quasi impossibile, per chi vive oggi, immaginare com'era il mondo quando non c'era alcuna risorsa di quel genere.

Non dobbiamo dimenticare inoltre che la radio si è sviluppata anche come strumento di comunicazione privata. La rete poco numerosa, ma estesa nel mondo, dei "radioamatori" ha avuto e in parte ha ancora un ruolo importante nei sistemi di comunicazione.

Più tardi la *citizen band* si è diffusa con la creazione di comunità, come la proverbiale rete dei camionisti americani, che ha sviluppato un codice di comunicazione così particolare da far nascere dizionari della loro "lingua".

Le trasmissioni radio hanno trasformato profondamente il concetto di navigazione (nel mare, nell'aria e nello spazio). Insomma c'erano e ci sono, con strumenti radiofonici, attività di scambio e di dialogo paragonabili a quelle che si realizzano con la "posta elettronica" o con i telefoni cellulari.

Dopo la nascita della televisione molti hanno ipotizzato che avrebbe potuto dare un duro colpo alla radio facendone avviare il declino. Ma non è stato così. La radio mantiene un ruolo importante e un ascolto diffuso, che non è stato sostituito da altri sistemi di comunicazione e nulla lascia prevedere che possa avere un indebolimento nei prossimi anni. Ma vediamo brevemente la storia della sua diffusione.

Negli anni fra l'inizio delle trasmissioni radiofoniche e la seconda guerra mondiale la diffusione della radio stava crescendo, ma con una penetrazione non molto estesa rispetto alla popolazione. Nel 1940 c'erano 1.300.000 abbonamenti alla radio in Italia, con una crescita che tendeva ad accelerare.

Durante la guerra, l'ascolto della radio era ovviamente aumentato, sebbene vi fu una diminuzione degli abbonamenti da attribuire alla difficoltà di "adempiere" al pagamento del canone o a disattenzione per quei "doveri" burocratici in situazioni difficili e preoccupanti.

Uno sviluppo più forte si è avuto nel dopoguerra, per effetto di un crescente benessere e di una nuova situazione culturale. La minor crescita, e poi diminuzione, che segue alla nascita della televisione non è dovuta a un "abbandono" della radio, ma semplicemente al fatto che l'abbonamento radiofonico veniva "compreso" in quello televisivo.

Oggi ovviamente è cambiato il modo di ascoltare la radio, anche perché, e vale la pena sottolinearlo, la radio, per antonomasia un vecchio medium, data l'alta specializzazione acquisita ultimamente in favore di un'elevata qualità di servizio prestato, sembra stia spostando il suo asse verso i nuovi media per quello che concerne i legami concettuali con la comunicazione. In pratica il radioascoltatore, da utente passivo del medium radio, si sta trasformando in soggetto che partecipa attivamente all'atto comunicativo radiofonico.

Infatti, le possibilità offerte dalla radio di far interagire gli ascoltatori tramite telefonate in diretta e SMS per commentare le varie tematiche suggerite di volta in volta, stanno trasformando il concetto primordiale della radio di strumento mediatico unidirezionale con ascolto passivo in strumento comunicativo a tutti gli effetti bi-direzionale, visto che entrambi la radio e i suoi ascoltatori agiscono sia come emittenti sia come destinatari della comunicazione.

Strumento comunicativo dunque che opera in una modalità che sembra essere molto gradita ai radioascoltatori. Infatti, come risulta anche dai recenti studi del Censis, la radio rimane uno dei mezzi di informazione e di svago più diffusi. Le statistiche comunque sembrano indicare anche per la radio, come per la televisione, il raggiungimento di una "soglia" oltre la quale il numero di ascoltatori si stabilizza e non può più crescere.

Ma non è necessariamente così. Mentre la televisione raggiunge la quasi totalità delle persone, la radio ha una penetrazione elevata ma non "universale". È probabile che rimanga, come dimensione complessiva, più o meno stabile, ma non si può escludere che nuove proposte, nuovi contenuti o una maggiore specializzazione possano creare ulteriori possibilità di crescita.

Anche se non si realizzasse un aumento del (già molto elevato) numero totale di persone che ascoltano la radio, ci sono ancora larghi spazi per aumentare la selettività e la varietà delle proposte e così offrire a pubblici diversi, come alle esigenze individuali delle persone, una più ricca scelta di proposte e di servizi. Mentre la televisione fatica a uscire dalla monotonia "generalista", la radio è per sua natura un mezzo di ascolto prevalentemente individuale e può più facilmente offrire contenuti "tagliati su misura" per una grande varietà di esigenze e di gusti.

2.2 I media digitali

Quando parliamo di media digitali ci riferiamo a quei   mezzi di comunicazione di massa che si sono sviluppati posteriormente alla nascita dell'informatica e, comunque, in correlazione ad essa. Essendo ormai radicato l'uso del termine "medium" come singolare della parola "media" per indicare i mezzi di comunicazione di massa, tali strumenti digitali vengono definiti "nuovi media" nella misura in cui vengono usati come mezzi di comunicazione di massa, del tipo uno-a-molti o comunque su larga scala.

L'interattività offerta dalle applicazioni Web consente una tipologia di comunicazione propria degli stessi nuovi media, ovvero, oltre alle interazioni del tipo uno-a-uno e uno-a-molti, consente addirittura un tipo di comunicazione molti-a-molti. La comunicazione digitale permette infatti una simultaneità inter-cognitiva delle esperienze collettive.

Quando parliamo dunque di nuovi media ci riferiamo sostanzialmente a Internet, ai siti Web, ai computer multimediali, videogiochi, CD-ROM, DVD, la realtà virtuale. Ma ci riferiamo anche, per esempio, a quei programmi televisivi realizzati con tecnica digitale ed   editati sulle workstation, oppure a quei film che utilizzano l'animazione tridimensionale e la composizione digitale. Sono inoltre da considerare nuovi media le fotografie digitali, i file sonori e tutti quei media analogici, in definitiva, che sono stati soggetti a conversione digitale.

2.2.1 Come sono nati i nuovi media?

Come abbiamo avuto modo di constatare nel paragrafo precedente, i nuovi media devono la loro nascita all'evoluzione dei sistemi informatici. La storia dell'informatica è lunga e risale ai primi esperimenti di macchine da calcolo del XIX secolo. Queste invenzioni hanno seguito a lungo un andamento parallelo, senza mai incrociarsi. Per tutto il XIX secolo e nella prima parte del XX vennero messi a punto numerosi tabulatori e calcolatori, sia meccanici che elettrici, sempre più veloci e diffusi.

Contemporaneamente, assistiamo all'ascesa dei media moderni, che consentono l'archiviazione di immagini, sequenze di immagini, suoni e testi su diversi supporti, lastre fotografiche, pellicole cinematografiche, dischi, etc.

Alla fine dell'Ottocento i media moderni ebbero un'ulteriore evoluzione quando si passò dalle immagini statiche alle immagini in movimento. Ma l'anno chiave della storia dei media e dei computer è sicuramente il 1936. In quell'anno il matematico inglese Alan Turing teorizzava un computer ad uso generale che avrebbe poi preso il nome dal suo inventore: "la macchina universale di Turing". Pur svolgendo solo quattro operazioni, quella macchina effettuava tutti i calcoli di cui era capace un essere umano e imitava qualunque altra macchina da calcolo. Operava leggendo e scrivendo numeri su un nastro continuo e, ad ogni operazione, il nastro avanzava per eseguire il comando successivo che consisteva nel leggere i dati e scrivere il risultato. Una strana coincidenza, premonitrice del futuro rapporto tra media e computer, era che il suo diagramma di funzionamento ricordava singolarmente quello di un proiettore.

L'evoluzione storica dei media e dell'informatica s'intrecciò ancora di più quando l'ingegnere tedesco Konrad Zuse cominciò a costruire un computer nel soggiorno di casa dei suoi genitori. Il computer realizzato da Zuse fu il primo computer digitale. Una delle sue innovazioni era l'uso del nastro perforato per il controllo dei programmi e, in realtà, il nastro era una pellicola cinematografica di scarto da 35 mm, altro punto d'incontro tra media e computer.

Finalmente le due traiettorie storiche separate s'incontrano. I media e il computer si fondono. Tutti i media preesistenti vengono tradotti in dati numerici accessibili dal computer. Ed ecco il risultato: grafici, immagini in movimento, suoni, forme, spazi e testi diventano computabili, diventano, cioè, degli insiemi di dati informatici. In sintesi, i media diventano "i nuovi media".

2.2.2 La grande rivoluzione di Internet

Prima di dedicarci all'analisi di quelli che sono stati i principi ispiratori dei nuovi media e, soprattutto, alle differenze sostanziali tra vecchi e nuovi media, ritengo opportuno soffermarci sullo sviluppo di Internet, dal quale poi è scaturito il concetto di multimedialità.

Era inevitabile che lo sviluppo delle tecnologie dell'informazione e dei sistemi di comunicazione portassero a qualcosa di simile a Internet. Strutture di dialogo e scambio in rete si sono sviluppate, indipendentemente l'una dall'altra, prima ancora che il protocollo TCP/IP diventasse la risorsa di base su cui i diversi sistemi si appoggiano.

Le origini concettuali di tutto ciò si possono far risalire alla metà dell'Ottocento. Quando, per esempio, Ada Byron, figlia del famoso poeta, nota come Lady Lovelace, si era interessata agli esperimenti di Charles Babbage con la *difference engine*", intuendo che lo sviluppo poteva portare non solo a "macchine calcolatrici", ma anche a strumenti di informazione e comunicazione.

Ma passarono più di cent'anni prima che ci fossero sviluppi reali. Ripercorriamo allora la storia di Internet, in maniera semplicemente cronologica, così come ci è narrata da Livraghi G. in *Cenni di storia dei sistemi di informazione e di comunicazione in Italia nel terzo rapporto del Censis sulla comunicazione* di marzo 2004, reperibile sull'URL http://gandalf.it.

Un progetto specifico era già stato proposto nel 1945. Infatti, in un articolo sull'Atlantic Monthly, Vannevar Bush, vicepresidente del MIT e uno degli scienziati dell'Office of Scientific Research organizzato dal presidente Roosevelt, proponeva il sistema Memex, capace di costituire una rete mondiale di condivisione della conoscenza. Il progetto non fu realizzato, ma contribuì a ispirare gli sviluppi che presero forma vent'anni più tardi.

Nel 1958 fu costituita l'Advanced Research Project Agency, per iniziativa del presidente Eisenhower e del suo ministro della difesa Neil McElroy (che non era un militare, ma un civile: veniva dalla Procter & Gamble).

Nel 1964 una proposta pubblicata da Paul Baran (Rand) delineava i princìpi di quell'idea di networking che vent'anni più tardi prese il nome di internet.

Nel 1965 Ted Nelson inventò il termine *hypertext*, che vedremo in dettaglio nel capitolo seguente, per definire un linguaggio che consenta una gestione articolata nei contenuti (un concetto che era già stato definito vent'anni prima nel progetto Memex). Nelson aveva sviluppato anche le basi tecnologiche per un progetto che chiamò Xanadu, simile al Memex. Ma anche questo, per il momento, non fu realizzato.

L'idea di networking era comunque "nell'aria". Era evidente che qualcuno, presto o tardi, l'avrebbe messa in pratica. Il primo esperimento basato sui principi Rand fu realizzato nel 1968 dal National Physics Laboratory in Gran Bretagna. Intanto negli Stati Uniti nasceva il Network Working Group. Ma l'iniziativa più concreta fu quella dell'Advanced Research Project Agency, che dal 1965 stava studiando le possibilità del networking e nel 1969 lanciò il progetto ArpaNet.

Fu stabilito il primo collegamento con quattro istituti universitari: l'UCLA a Los Angeles, l'UCSB a Santa Barbara, lo Stanford Institute e l'Università dello Utah. Si definì il primo protocollo di collegamento (NCP – Network Control Protocol).

Nel 1971 nacque un nuovo sistema di "posta elettronica", quello che oggi conosciamo come e-mail e Ray Tomlinson definì il programma per lo scambio di messaggi in rete. Nel 1972 fu adottato l'uso del segno @ (at) che in italiano è stato poi chiamato "chioccioletta".

Nello stesso anno fu costituito l'Inter Networking Group per definire gli standard della comunicazione in rete e iniziò lo sviluppo di quello che poi divenne il protocollo TCP/IP. Inizialmente c'erano 27 computer collegati all'ArpaNet. Nel 1973 ci furono i primi collegamenti internazionali dell'ArpaNet con l'University College di Londra e con Norsar in Norvegia.

Nel 1974 nacquero Telnet (il primo sistema che permette a chi ha un accesso a un servizio nella rete di collegarsi con un altro) e il protocollo FTP (File Transfer Protocol) che è ancora oggi largamente in uso.

Nel 1976 fu definito il protocollo UUCP (Unix to Unix copy) su cui dal 1979 si è basato lo sviluppo, indipendente dall'internet, dei newsgroup Usenet. (Dal 1986 è stato progressivamente adottato in Usenet il nuovo protocollo NNTP, network news transfer protocol, ma la natura dei newsgroup rimane sostanzialmente invariata).

Nel 1977 Dennis Hayes inventò il modem.

Nel 1981 c'erano già 200 host collegati all'ArpaNet, mentre nasceva BitNet (*because it's there network*) che si sviluppò indipendentemente e solo alcuni anni dopo confluì su Internet.

Nel 1982 si stabilì (con il Cnuce a Pisa) il primo collegamento in Italia al sistema di reti che poco più tardi prese il nome di Internet.

Nel 1983 fu adottato il protocollo TCP/IP e cominciò la diffusione di Internet, che dal 1984 fu posta sotto il controllo della National Science Foundation.

Nel 1984 fu anche messo a punto il sistema DNS (Domain Name System) su cui si basano gli indirizzi di rete, come quelli della "posta elettronica" e poi, dieci anni più tardi, quelli dei "siti Web".

Il primo BBS (*bulletin board system*) era nato nel 1972. Negli anni successivi cominciarono a collegarsi fra loro. Agli inizi degli anni '80 si aprirono i primi BBS in Italia.

Nel 1984 si realizzò, separatamente da Internet, la loro rete internazionale di collegamento (dieci anni più tardi c'erano decine di migliaia di BBS negli Stati Uniti, duemila in Italia). C'erano, in quel periodo, sistemi separati di networking che operavano indipendentemente l'uno dall'altro, i newsgroup Usenet. Le reti dei BBS che si collegavano in *echomail* (il più diffuso sistema internazionale, Fidonet, nacque nel 1986). Reti aziendali, nelle imprese internazionali, che usavano sistemi diversi. Mentre Internet era usato quasi esclusivamente dalla comunità accademica in alcune università scientifiche (in particolare quelle di fisica).

I criteri della netiquette, cioè del corretto comportamento online, che circolavano in rete già negli anni '70, cominciarono nel 1985 ad avere una definizione formale.

Nel 1985 si svilupparono le prime mailing list, cioè aree di dialogo e dibattito basate sull'e-mail.

Nel 1988 nacque IRC (international relay chat). Varie situazioni di chat, cioè di dialogo "in tempo reale", esistevano anche prima, ma non avevano quella possibilità di "interconnessione" che si realizzò con IRC e poi anche con altri sistemi, come ICQ (*I seek you*) dal 1996.

Nel 1988 fu identificato il primo worm o "virus replicante" capace di riprodursi e diffondersi attraverso "allegati" ai messaggi online. Nello stesso anno John Walker, fondatore di Autodesk, acquistò da Ted Nelson i diritti della tecnologia Xanadu e investì circa cinque milioni di dollari nello sviluppo. Ma l'anno dopo abbandonò il progetto perché venne a sapere che qualcun altro era più avanti di lui.

Nel 1989 Tim Berners-Lee al Cern di Ginevra sviluppò l'idea e le soluzioni pratiche da cui è nato il sistema World Wide Web. Totalmente aperto e gratuito, come le tecnologie e le applicazioni su cui si basa Internet. Molti oggi confondono Internet e Web, ma non sono la stessa cosa. La rete Internet è la base su cui si appoggiano le risorse del linguaggio HTML

(Hyper-Text Markup Language) che è la struttura del sistema Web.

Nel 1991 Philip Zimmerman mise in distribuzione la prima versione di PGP (Pretty Good Privacy) che si affermò come il più diffuso sistema di crittografia. Nello stesso anno nacque Gopher, il primo sistema di "navigazione" su Internet, cui poi si aggiunse Veronica (ma caddero in disuso quando l'ambiente Web prese il sopravvento). Sistemi di ricerca in rete, meno facili degli attuali motori di ricerca, ma di non irrilevante efficienza, si basavano su FTP (file transfer protocol).

Il sistema Web si diffuse gradualmente nella prima metà degli anni '90. Nel 1993 Marc Andreessen rese disponibile in rete Mosaic (il primo browser) e un anno più tardi, insieme a Jim Clark, sviluppò Netscape. Nello stesso anno nacque Allweb, il primo "motore di ricerca" Web.

Nel 1993 uscì il primo quotidiano online, il San Jose Mercury News. Il primo italiano fu L'Unione Sarda nel 1994, seguita da Il Manifesto nel 1995, La Repubblica e Il Sole 24 Ore nel 1996, La Stampa e il Corriere della Sera nel 1998.

I primi accessi Internet "aperti a tutti" in Italia divennero disponibili alla fine del 1994. La rete cominciò a avere una diffusione "popolare" negli Stati Uniti nel 1997 mentre in Italia ci fu una forte crescita delle connessioni a partire dal 1998.

Nel 1983 c'erano 500 host Internet nel mondo. Più di mille nel 1964, 5000 nel 1986, 100.000 nel 1989, un milione nel 1992, quasi cinque milioni nel

1994, più di dieci milioni alla fine del 1995 (di cui tre milioni in Europa e 150.000 in Italia). Si diffuse in quel periodo la percezione che si trattasse di una crescita "esponenziale". Ma non è vero, come risulta da tutte le verifiche negli anni seguenti. Oggi ci sono 230 milioni di host Internet nel mondo, 34 milioni in Europa, più di cinque milioni in Italia. Le percentuali di crescita, naturalmente, diminuiscono con l'aumentare della quantità, ma non si può definire "lento" sviluppo di un sistema che cresce del 36 % in un anno.

Il problema non è la quantità totale dell'attività in rete, ma il modo squilibrato in cui è diffusa. La cosiddetta "globalità" è un mito. Per l'accumulo di diversi fattori (economici, culturali, politici e anche di repressione e censura) nove decimi dell'umanità sono ancora esclusi dalla comunicazione in Rete.

Per quanto riguarda l'Italia, c'è stato un cambiamento fra il 1999 e il 2000. Dopo molti anni in cui la nostra presenza online rimaneva a un livello basso rispetto al resto del mondo, la crescita in Italia ora è più veloce della media internazionale.

Un quadro diverso risulta dai dati sul numero di persone online. Questo genere di statistiche è poco attendibile, per le caratteristiche delle metodologie di ricerca e per la varietà di criteri con cui viene definito il concetto di "utente" Internet.

Ancora meno affidabili sono i confronti internazionali. C'era chi immaginava che una decina d'anni fa ci fosse un miliardo di persone nel mondo collegate alla Rete. Qualcuno cita ancora quel dato bizzarro come se fosse vero. Ma oggi le ipotesi più "ottimistiche" sono intorno ai 600 milioni (una valutazione più realistica è circa la metà). Vent'anni fa c'erano persone in Italia che si collegavano a sistemi di networking (si trattava, in gran parte, di reti diverse da Internet). Ma erano poche decine di migliaia.

La diffusione della Rete, come anche nel resto del mondo, ha cominciato a estendersi dopo che, nel 1994, si erano resi disponibili accessi a Internet aperti "a tutti". C'è stata un'accelerazione della crescita fra il 1998 e il 2000, ma poi è rallentata.

Dalle origini dei collegamenti a Internet fino al 1999 era prevalente, in Italia, l'uso della Rete dal luogo di lavoro. Ma dal 2000 è maggiore la crescita dell'uso "domestico". C'è stato un recente afflusso di giovani, mentre rimane scarsa la diffusione della rete fra le persone di età più avanzata.

C'è un'evoluzione positiva per quanto riguarda la presenza femminile. Mentre era "tradizionale" che la Rete fosse prevalentemente usata dagli uomini, oggi anche in Italia la percentuale di donne online è in continuo aumento e tende ad avvicinarsi alla "parità".

Le differenze per categorie sociali ed economiche sono in progressiva diminuzione. C'è un evidente allargamento verso i livelli "medi", mentre rimangono sacrificate, come è purtroppo ovvio, quelle categorie "basse" che soffrono, in generale, di una scarsità di risorse di informazione e di comunicazione.

Il concetto di *"digital divide"*, di cui molto si parla senza darne alcuna chiara definizione, è sostanzialmente sbagliato. Il problema esiste, ma è culturale, non tecnico

Un rallentamento dell'afflusso di persone online, non solo in Italia, è dovuto a una varietà di fattori. Delusioni rispetto a promesse esagerate, disagio per varie forme di invasività e anche per rischi di varia specie la cui pericolosità è spesso descritta nei mass media in modo "sensazionalistico".

I problemi, tuttavia, ci sono davvero. Non solo la proliferazione dei virus (se ne conoscono più di 80.000) favorita dalle debolezze tecniche dei software più diffusi, ma anche l'esagerata diffusione dello spam, di fastidiose invasività e di truffe di varia specie.

Ha fatto notevoli danni l'estesa diffusione di notizie sul "fallimento di Internet", basate sullo sgonfiamento di "bolle speculative", che nulla hanno a che fare con lo sviluppo della Rete.

Non è stata meno dannosa l'eccessiva insistenza sulla inesistente necessità di usare macchine complesse e costose, o collegamenti "superveloci", che per il 99 per cento delle persone (e imprese) che usano la Rete sono inutili, se non nocive.

Intanto aumenta il numero di persone che hanno una buona pratica della Rete. E l'esperienza continuamente conferma che le risorse più importanti online sono i dialoghi personali e il "passaparola". Il cerchio si chiude. La più moderna delle risorse è strutturalmente simile alla più antica.

2.2.3 I princìpi ispiratori dei nuovi media

Torniamo ora a parlare dei nuovi media e, nello specifico, dei princìpi ispiratori teorizzati egregiamente da Lev Manovich[11], professore associato presso il Dipartimento di Arti Visive dell'Università della California a San Diego, dove insegna New Media Art.

Non c'è che da essere d'accordo con Manovich quando asserisce che l'identità dei media è cambiata ancora più

---

[11] L. MANOVICH, *Il linguaggio dei nuovi media*, Edizioni Olivares, Milano,2001.

radicalmente di quella del computer. Cambiamento basato su dei principi fondamentali che sono stati gli ispiratori dei nuovi media.

Vediamoli brevemente.

Rappresentazione numerica.

Partiamo intanto con l'asserire che tutti i nuovi media, dal momento che sono creati ex novo sul computer o convertiti da fonti analogiche, sono composti da un codice digitale; sono quindi rappresentazioni numeriche.

Ciò comporta due conseguenze principali, ossia, un nuovo mezzo di comunicazione si può descrivere in termini formali, e quindi matematici, ciò equivale a dire che, per esempio, un'immagine può essere descritta attraverso una funzione matematica; inoltre, un nuovo mezzo di comunicazione è soggetto a manipolazione algoritmica in grado, ad esempio, di migliorare automaticamente le condizioni di risoluzione grafica di una fotografia digitale. In sostanza, i media diventano programmabili.

La conversione da analogico a digitale, e quindi la conseguente rappresentazione numerica dei cosiddetti dati "continui" del media analogico che diventano "discontinui", prende il nome di "digitalizzazione" che, a sua volta, si articola in due fasi: il campionamento spaziale e la quantizzazione cromatica.

Il campionamento spaziale consiste nella suddivisione della superficie dell'immagine in un determinato numero di rettangoli, chiamati pixel (picture element), che determinano la risoluzione spaziale, misurata in punti per pollice (DPI).

Dopo aver scelto un'opportuna griglia di campionamento, è necessario assegnare a ciascun pixel uno o più valori numerici che ne definiscono il colore. Tale operazione è nota con il termine di quantizzazione cromatica.

In definitiva, un media analogico, una volta trasformato in digitale, è rappresentato numericamente, ossia, mentre quello che vediamo di una foto è solo la crosta superficiale della risoluzione grafica, ciò che c'è sotto non è altro che una serie di stringhe di bit espresse in codice binario.

Modularità.

Manovich definisce questo principio come "la struttura frattale dei nuovi media". Così come un frattale rimane invariato su scale diverse, il nuovo medium mantiene sempre la stessa struttura modulare. Gli elementi mediali, immagini, suoni, forme o comportamenti, vengono rappresentati come insiemi organici di campioni discontinui (pixel, poligoni, voxel, caratteri, script).

Questi elementi vengono assemblati in strutture di dimensioni più vaste, ma continuano a mantenere le loro identità separate. Gli stessi media si possono combinare in entità mediali ancora più complesse, ma sempre senza perdere la loro indipendenza.

Così come, ad esempio, un filmato creato sul computer, dove vengono assemblati i vari elementi estrapolati da file sonori, immagini, scritte in sovrimpressione.

Lo stesso dicasi della struttura di un documento HTML, il quale è modulare perché utilizza oggetti separati ma distinti tra loro quali immagini, suoni, scritte. Per non dimenticare il Web, anch'esso modulare in quanto composto da una moltitudine di pagine Web, ognuna delle quali, a sua volta, è composta da elementi mediali separati.

Automazione.

Principio molto semplice nel quale l'intenzionalità umana può essere rimossa, almeno in parte. Ciò scaturisce dal fatto che la codifica numerica dei media e la loro struttura modulare, visti precedentemente, consentono l'automazione di molte operazioni necessarie per la creazione, la manipolazione e l'accesso ai media.

Variabilità.

Un'altra conseguenza della codifica numerica dei media e della struttura modulare dell'oggetto mediale è che un nuovo oggetto mediale non è qualcosa che rimane identico a sé stesso all'infinito, ma è qualcosa che può essere declinato in versioni molto diverse tra loro. I vecchi media implicavano un creatore, che assemblava manualmente gli elementi testuali, visivi e sonori in una determinata composizione o sequenza. Quella sequenza veniva poi immagazzinata in un certo formato, in un ordine fisso e immodificabile.

I nuovi media, invece, sono caratterizzati dalla variabilità, principio strettamente legato a quello dell'automazione.

Transcodifica.

Questo principio è quello che descrive la conseguenza più rilevante della computerizzazione dei media. Vuol dire in pratica che un oggetto viene tradotto in un altro formato. Ciò significa che i nuovi media si possono configurare in base a due livelli, quello culturale e quello informatico. A quello culturale corrispondono l'enciclopedia e il racconto, il romanzo e la sceneggiatura, la composizione e l'opinione, la mimesi e la catarsi, la commedia e la tragedia. Mentre al livello informatico appartengono il processo e il pacchetto di dati, sorting e matching, la funzione e la variabile, il linguaggio del computer e la struttura dei dati.

Dato che i nuovi media nascono grazie al computer e grazie allo stesso vengono gestiti, ma al tempo stesso il contenuto dei nuovi media scaturisce dal livello culturale, in definitiva, il livello informatico e quello culturale si influenzano a vicenda interagendo tra loro.

2.3 Differenze tra vecchi e nuovi media

Una volta approfondito i concetti più comuni di entrambi i media, possiamo trarne le conclusioni inerenti le loro differenze. Sarà altresì un'occasione per riepilogare quanto detto sinora a proposito dell'essenza strutturale dei vecchi e nuovi media.

I nuovi media non sono altro che i media analogici convertiti in forma digitale. Diversamente dal medium analogico, che è continuo, il medium a codifica digitale è discreto, o discontinuo.

Tutti i media digitali hanno in comune lo stesso codice digitale. Ciò consente di riprodurre vari tipi di media usando una sola macchina, il computer, che funge da lettore multimediale.

I nuovi media consentono l'accesso RANDOM ai dati, diversamente dai media analogici, quali per esempio le videocassette, che immagazzinano i dati in forma sequenziale per cui la lettura degli stessi deve essere fatta necessariamente in maniera sequenziale, e quindi più lenta nella ricerca dei dati.

La digitalizzazione dei dati comporta, a volte, una inevitabile perdita di dati, soprattutto a seguito di compressione dei dati stessi.

A differenza dei media analogici, con i quali ogni copia successiva presenta una qualità inferiore, pensiamo alla scarsa qualità di un film dopo che è stato copiato per l'ennesima volta dalla videocassetta originale, i media digitali si possono copiare all'infinito senza alcuna perdita qualitativa.

Uno dei pregi maggiori della digitalizzazione dei media è che li rende interattivi. Diversamente dai vecchi media, in cui l'ordine di rappresentazione è fisso, oggi l'utente può interagire con un oggetto mediale scegliendo gli elementi da visualizzare, i percorsi da seguire, generare output personalizzati, diventando così, in qualche modo, coautore dell'opera.

3. Che cos'è la comunicazione multimediale

Siamo giunti così a parlare di multimedialità. Lo abbiamo fatto seguendo un percorso che ci ha condotto attraverso le conoscenze basilari della comunicazione e l'analisi dei media sotto vari aspetti.

Che cos'è dunque la multimedialità?

É la compresenza e interazione di più mezzi di comunicazione in uno stesso supporto informativo. Si parla di contenuti multimediali, specie in ambito informatico, quando per comunicare un'informazione riguardo a qualcosa ci si avvale di molti media, diversi tra loro, quali possono essere le immagini in movimento di un video, le immagini statiche delle fotografie, la musica e il testo; i nuovi media insomma.

Ad esempio, un'enciclopedia multimediale, come può essere la famosissima "Wikipedia" su Internet, a differenza di una normale enciclopedia cartacea, permette di associare ad ogni voce non solo la sua spiegazione testuale, ma anche fotografie, disegni esplicativi, filmati, suoni, commenti audio, etc.

Dobbiamo però dire che, sebbene a livello concettuale un prodotto analogico possa essere considerato multimediale, come ad esempio un'enciclopedia cartacea, in quanto sono presenti più media a supporto dei contenuti, quali testi e fotografie, tuttavia quando si parla di multimedialità ci si riferisce esplicitamente alla comunicazione mediata dall'uso del computer.

Anche perché una nuova frontiera si è aperta nel mondo della comunicazione a conferma che la comunicazione stessa non costituisce un mondo dai confini delimitati. Al contrario, essa sembra arricchirsi di dimensioni su misura che accrescono i media. Tanti più sono i media, tante più le dimensioni della comunicazione. Un continente inesplorato sembra allora che si sia reso accessibile attraverso le moderne tecnologie informatiche. I diversi media non ripetono la medesima sostanza sotto una diversa forma, ma creano degli universi comunicativi completamente differenti e del tutto autonomi tra di loro.

Ma la multimedialità sembra voler andare più in là poiché mira ad arricchire e a rivoluzionare il concetto che abbiamo di comunicazione. Un libro segue un'andatura lineare, sequenziale. Ha un inizio e ha una fine. Un ipertesto per esempio, al contrario, è circolare, non è definito da un inizio e da una fine e permette così più possibilità di lettura.

Possiamo dunque definire multimediale una comunicazione determinata dall'uso integrato di tecnologie dell'informazione e della comunicazione, che implichino l'integrazione di media diversi, di linguaggi diversi, di strategie comunicative diverse.

Da ciò ne scaturisce la cosiddetta convergenza, ossia, l'unione di tanti strumenti resa possibile dalla tecnologia digitale. Convergenza intesa come l'utilizzo di uno schermo per tutti i servizi, utilizzata per esempio nel campo dell'educazione, della sorveglianza, del commercio, dei servizi bancari, dell'intrattenimento, del campo della ricerca, nella medicina, etc. Questo perché il digitale fa convergere le attività locali a livello globale e viceversa.

Concetti molto legati alla comunicazione multimediale sono quelli dell'interattività e dell'ipertestualità, che andremo a vedere nei prossimi paragrafi.

3.1 Multimedialità e interattività

Talvolta la multimedialità viene confusa con l'interattività. Sebbene siano strettamente correlate, hanno tuttavia due concetti distinti e separati.

Volendo mantenere lo stesso esempio dell'enciclopedia multimediale che abbiamo citato precedentemente, possiamo asserire che sarà molto probabilmente anche interattiva, ovvero permetterà all'utente di interagire con essa e, nello specifico, comunicare delle indicazioni al programma che gestisce l'enciclopedia, tramite il mouse o la tastiera, e ricevere da esso delle risposte sul monitor; in questo modo, l'utente potrà "dire" all'enciclopedia se di un certo lemma vuole la definizione testuale, oppure vuole vedere i filmati associati, o le foto, o ascoltare l'audio, etc.

Ma vediamo meglio di che cosa si tratta.

L'informatica, che come abbiamo visto è il mezzo attraverso il quale vengono mediate le informazioni della comunicazione multimediale, offre, tra i suoi prodotti, programmi e ambienti software in grado di collegare documenti e, in particolare, di porre l'utente nelle condizioni di scegliere percorsi di fruizione di un sistema di documentazione attraverso l'utilizzo di un'interfaccia con lo strumento computer; interfaccia caratterizzata da oggetti, quali pulsanti, aree di testo, parole chiave, icone, sensibili a eventi generati dall'utente stesso, tipo la scrittura da tastiera o il click del mouse.

L'interattività dunque è questo sistema di interazione tra utente e computer, o meglio, tra utente e software di gestione della comunicazione. Inoltre, l'interattività è la particolare caratteristica di un sistema il cui comportamento non è fisso, ma varia al variare dell'input dell'utente.

Quando l'utente trasmette, in un modo qualunque, un'informazione al sistema che sta utilizzando, interagisce con esso; grazie a questa interazione, il sistema può deviare dal suo comportamento prefissato ed adeguarsi alle esigenze dell'utente.

La maggior parte dei sistemi con cui si ha a che fare è generalmente interattiva: una lavatrice è interattiva in quanto modifica il suo comportamento a seconda di come regoliamo le sue manopole e pulsanti, lo stesso dicasi per esempio a proposito di un forno a microonde. Un computer è interattivo perché ci mostra questo o quell'altro dato a seconda delle informazioni che gli forniamo tramite il mouse o la tastiera.

Un esempio di sistema non interattivo è invece la televisione analogica, ossia la televisione classica, l'unica in effetti disponibile da cinquanta anni fino a pochi anni fa, prima dell'avvento della TV digitale.

La televisione classica ha una fruizione pressoché completamente passiva: a parte il cambio dei canali e del volume, non è possibile far altro all'utente, che non può ad esempio comunicare con l'emittente per richiedere una particolare trasmissione, cosa che invece è possibile con la moderna TV digitale.

3.2 Multimedialità e ipertestualità

Altro termine che spesso crea confusione parlando di multimedialità è l'ipertestualità, la quale, può essere definita come la caratteristica di un documento di utilizzare la struttura dell'ipertesto; il prefisso *"iper"* sta ad indicare la maggiore valenza di un documento ipertestuale rispetto a un documento "tradizionale" di tipo cartaceo, dovuta al fatto che un documento ipertestuale non deve essere obbligatoriamente letto in modo sequenziale, ma si può saltare da una parte all'altra senza seguire nessun ordine prestabilito.

Per intenderci, la differenza tra un testo classico e un ipertesto è la stessa che passa tra un'audiocassetta e un compact disc: nel primo caso, per ascoltare un qualunque brano dovremo prima posizionarci opportunamente sul punto desiderato del nastro, mentre nel secondo potremo in qualunque momento ascoltare il primo, l'ultimo o un qualunque altro brano.

Il termine ipertesto sembra fosse stato coniato da un certo Theodor Holm Nelson[12] il quale, in un trattato del 1965 citava:

"Lasciate che io introduca il termine 'ipertesto' per rappresentare un insieme di materiale scritto o figurato interconnesso in un modo così complesso da non poter essere rappresentato su carta. Esso può contenere sommari o mappe dei

---

[12] M. PEDRONI, *Sistemi e tecnologie della comunicazione*, Tecom Project, Ferrara, 2001

suoi contenuti e delle relazioni che vi intercorrono; può contenere annotazioni, note a fondo di pagina di coloro che vi hanno lavorato sopra. Tale sistema, correttamente disegnato e gestito, presenta grandi potenzialità nel campo educativo per l'ampia gamma di scelte, per il suo senso di libertà, per la sua presa intellettuale.

Un sistema come questo può crescere indefinitamente, includendo gradualmente sempre maggiori conoscenze".

Bisogna però aspettare il 1989, o meglio, l'aumento delle capacità di calcolo e di archiviazione dei computer, perché queste suggestioni potessero essere raccolte dalla tecnologia per diventare realtà nei laboratori del CERN di Ginevra grazie a Tim Berners-Lee che diede lo spunto iniziale per il World Wide Web con l'intento, inizialmente, soltanto di far circolare le informazioni all'interno di gruppi di lavoro distribuiti geograficamente.

Il resto è storia recentissima, l'avvento dei browser, l'enorme diffusione di Internet, il successo enorme dell'HTML e il rilancio dell'ipertesto come forma della comunicazione del futuro.

L'ipertesto, dunque, è una struttura informativa costituita da un insieme di testi o pagine leggibili con l'ausilio di un'interfaccia elettronica, in maniera non sequenziale, per tramite di particolari parole chiamate collegamenti ipertestuali (hyperlink o rimandi), che costituiscono un rete raggiata o variamente incrociata di informazioni, organizzate secondo diversi criteri, ad esempio paritetici o gerarchici, in modo da costituire vari percorsi di lettura alternativi.

Tutte le pagine di un sito web funzionano con i principi dell'ipertesto il quale, dal punto di vista matematico può essere definito un grafo, ovvero, un insieme di nodi, rappresentati da testo scritto, grafici, immagini, sonoro, connessi da degli archi con delle relazioni non lineari, ma legate a stella secondo un modello reticolare.

Il sistema d'ipertesto più conosciuto e più ampio è certamente il World Wide Web di Internet, che utilizza il linguaggio HTML (HyperText Markup Language) per definire all'interno del testo istruzioni codificate per il suo funzionamento.

Vediamo come.

Se ad esempio una pagina Web qualsiasi contiene informazioni esplicative e aggiuntive su una parola che abbiamo utilizzato su un nuovo documento HTML o su una nuova pagina Web, è possibile creare un legame, chiamato collegamento ipertestuale o più semplicemente link, su questo nuovo documento con la pagina già esistente. In questo modo, quando l'utente fruirà del nostro nuovo documento o pagina Web, una volta arrivato a leggere quella determinata parola a cui abbiamo posto un link, avrà la possibilità di approfondire le informazioni relative a quella parola con un solo click del mouse. Allo stesso modo è possibile indirizzare parole di un documento a parti del medesimo, come nel caso di un indice. Sarà pertanto possibile selezionare con il mouse la parola sottolineata dal *tag* di rimando o collegamento per visualizzare il testo che contiene la definizione o l'informazione aggiuntiva.

Ma vediamo più da vicino di cosa si tratta.

Il link[13] è l'elemento chiave che la tecnologia informatica ha fornito alla comunicazione in quanto ha consentito quel salto, reso dal suffisso "*iper*", per cui un testo diventa un ipertesto.

Vediamo brevemente le varie tipologie di link:

---

[13] Ibidem 12, cit.pag.87-88

Il **link unidirezionale** è un collegamento, come dice la parola stessa, unidirezionale, per cui cliccando sulla parola a cui è stato applicato il tag del link, c'è un rimando ad un altro documento predefinito, che può essere sia interno al documento di partenza che esterno.

Il **link bidirezionale** non è il semplice ritorno indietro di un link unidirezionale bensì un legame assoluto che permette flussi dall'uno all'altro e viceversa. In pratica, una volta stabilita una relazione tra due elementi, si instaura un ponte che consente il passaggio a prescindere da quale sia il punto di partenza.

Il **link multiplo** mette in relazione una risorsa con un gruppo di risorse o viceversa. Può essere realizzato attraverso l'apertura di più finestre o la generazione di più eventi oppure può permettere salti casuali o progressivi dentro un gruppo di risorse.

I **link che puntano a sezioni strutturali di un documento** individuano come destinazione non più un elemento in base al contenuto bensì in base a un rapporto strutturale o utilizzando entrambi i parametri, per cui diventa rilevante il rapporto tra i blocchi dei documenti o meglio tra le relazioni astratte dei blocchi per come sono definiti nella struttura.

I **link che identificano una sequenza di documenti interrelati** individuano una catena per cui ogni documento o parte di esso ne ha uno che lo precede e uno che lo segue, un primo e un ultimo. Questa organizzazione può essere molto utile se si considera che la relazione può variare a seconda della periferica utilizzata, permettendo per esempio una navigazione ipertestuale quando la periferica è un monitor oppure una rigida uscita sequenziale nel caso sia una stampante.

I **link definiti all'esterno del documento**, in un altro documento o in database, scindono il link che si trova nel documento ipertestuale dalla referenza della destinazione permettendo una maggiore duttilità ed una elevata riutilizzabilità, perché modificando l'archivio in cui alla destinazione si associa il nome del link si modificano automaticamente i link e perché l'archivio può essere fruito da più documenti.

3.3 Ipermedialità

L'ipermedialità[14] è il passo evolutivo successivo nella creazione di sistemi di comunicazione supportati da strumenti informatici: il prodotto di comunicazione ipermediale è certamente un prodotto multimediale e interattivo, ma i linguaggi che caratterizzano i singoli documenti confluiscono e stemperano le proprie regole sintattiche in un linguaggio unitario, il linguaggio ipermediale, che possiede una propria sintassi e non è riconducibile ad una mera somma dei linguaggi di origine.

La più sensibile pressione evolutiva nella differenziazione di un linguaggio ipermediale deriva dal Web. Ad una gestione della pagina Web similare alla produzione di documenti cartacei, caratterizzata da lunghi testi regolarmente impaginati e da una grafica che ricorda a tratti le decorazioni degli amanuensi sugli antichi manoscritti, si sostituiscono progressivamente:

---

[14] M. PEDRONI, G. POLETTI, *Comunicazione digitale e basi di dati*, Tecom Project, Ferrara, 2001

Un linguaggio grafico paragonabile, nei segni usati e nella gestione dello spazio del documento, alla lavagna dell'insegnamento tradizionale in aula.

Le tecnologie multimediali, quali l'uso dell'audio, di animazioni vettoriali e in parte di filmati.

Strumenti di strutturazione e navigazione dei contenuti, diversificati in funzione della complessità di utilizzo e delle potenzialità di rappresentazione del contesto di riferimento, finalizzati, oltre alla funzione primaria di agevolazione della fruizione del documento, a mostrare e simboleggiare le relazioni logiche interne ai contenuti espressi.

Possiamo affermare che l'evoluzione del linguaggio ipermediale inizia dalle prospettive di interazione tra il concetto di documento e il contesto spazio- temporale in cui si collocano dinamicamente le informazioni digitalizzate.

Si utilizza a volte il neologismo "ipermediale" o "ipermedialità" per indicare più precisamente la fusione dei contenuti multimediali in una struttura ipertestuale. Infatti, con l'inserimento di contenuti da vari media diversi (multimedia) all'interno di un ipertesto, si è cominciato a utilizzare il termine *ipermedia*[15], per evidenziare appunto che il sistema non è composto di solo testo.

Si è cominciato dunque a parlare per esempio di ipertesto letterario. Mentre nel campo tecnico e scientifico l'ipertesto si è rapidamente diffuso tanto da diventare con il Web uno strumento indispensabile in questi settori, nel campo letterario è invece rimasto confinato ad ambiti prevalentemente sperimentali. La narrativa si è infatti finora basata sul sistema sequenziale, lineare,

---

[15] J. NYCE, P. KAHN (a cura di), *Da Memex a Hypertext*, Franco Muzzio, 1992

di pagine di un libro stampato. La possibilità data da un ipertesto di poter accedere in qualsiasi momento a percorsi di lettura diversi appare attraente ma, con l'aumentare della complessità del sistema, tende a disorientare il lettore e abolisce molte delle convenzioni narrative.

La diffusione dell'ipertesto letterario e narrativo in Italia, a partire dalla metà degli anni Ottanta, ha tendenzialmente cercato di ampliare il dibattito sulle specificità semiotiche dell'ipertesto in relazione alle sue finalità più puramente espressive.

Ipertestualisti come Miguel Angel Garcia e Filippo Rosso rappresentano alcuni casi isolati di uno scenario ancora prevalentemente nascosto. Il lavoro di questi ultimi, peraltro, pone domande aperte sulla percorribilità effettiva di una futura canonizzazione dell'ipertesto su scala internazionale.

Ma si parla anche di iperfilm.

L'iperfilm è un film con struttura ipertestuale o un ipertesto con lessie filmiche nel quale il fruitore sceglie da quale punto di vista proseguire la visione degli eventi. È un po' come alcuni esperimenti filmici distribuiti su DVD in cui la visione del film non è dettata da un percorso sequenziale ma, per esempio, esistono diversi finali della storia narrata, per cui l'utente può scegliere il percorso narrativo che più gli aggrada.

Il primo iperfilm italiano è stato realizzato dal regista Luigi Maria Perotti, il prof. Pier Giuseppe Rossi e l'ing. Marco Marziali. Il progetto dal titolo Farina Stamen fu prodotto da Rai Educational e l'Università di Macerata.

Tradizionalmente, una narrazione propone al lettore una sorta di viaggio guidato dall'autore. Presuppone dunque un autore molto attivo, impegnato a predisporre il percorso della narrazione e le sue tappe, lungo le quali accompagnare il lettore. Presuppone anche un lettore disposto a farsi accompagnare lungo il percorso che l'autore ha preparato per lui.

Il Novecento ci ha insegnato che questo percorso può non essere facile, può rinunciare alle rassicuranti unità aristoteliche di tempo, luogo e azione. Attraverso l'iperfilm si rinuncia all'idea stessa di un percorso, narrando in maniera diversa.

4. La progettazione della comunicazione multimediale

Nella comunicazione in generale, al fine di ottenere il massimo dell'efficacia, e quindi raggiungere gli obiettivi che ci si pone con l'atto comunicativo, è importante scegliere i contenuti adeguati al target e organizzarli nel modo migliore. Questo vale anche per la comunicazione multimediale, nella quale è fondamentale che ci sia alla base una buona progettazione e che vengano rispettate alcune fasi[16] di lavorazione, quali la pianificazione, che consiste nello scegliere gli obiettivi e l'argomento nonché identificare il destinatario, ovvero il target della comunicazione, la preparazione con la quale si organizzano i contenuti e si progettano i vari elementi, la realizzazione infine vera e propria.

Se la progettazione della comunicazione multimediale è avvenuta con tali criteri, il risultato che deve scaturire dall'esposizione finale deve contenere necessariamente i seguenti

---

[16] N. AMATO, *La steganografia da Erodoto a Bin Laden*, Amazon, 2016

elementi indispensabili per una comunicazione efficace: chiarezza, pertinenza, effetto visivo e sonoro, leggibilità, qualità, incisività, navigabilità, efficacia della comunicazione nel senso di raggiungimento degli obiettivi che ci si prefigge con l'atto comunicativo. Elementi qualitativi che analizzeremo nei dettagli in questa sede e che nel quinto capitolo vedremo come applicarli in maniera pratica nei vari prodotti multimediali di uso comune.

Ma andiamo per ordine e cerchiamo di seguire una certa propedeuticità.

É opportuno, infatti, che ci dedichiamo prima alle fasi della progettazione della comunicazione multimediale che, premetto, andrebbero seguite pedissequamente comunque, sia che si tratti di un vasto progetto, e sia di un semplice atto comunicativo come può essere un articolo giornalistico online o un post sul proprio blog.

In una produzione[17] che integra competenze di contenuto, di comunicazione e di tecnologia informatica, e quindi collaborazioni tra diverse figure professionali, quali la creazione di un sito Web o un CD-ROM multimediale, è fondamentale la pianificazione di ogni singola attività, dall'analisi alla progettazione, all'implementazione e alla promozione del supporto comunicativo, una pianificazione finalizzata a regolare l'interazione tra le professionalità e a definire nei dettagli i rispettivi ruoli e aree di intervento.

Proviamo dunque a individuare, prima di parlare della pianificazione, quali sono le figure professionali necessarie per la realizzazione di opere di comunicazione multimediale. Lo faremo con la consapevolezza che, sebbene siano figure facilmente

---

[17] M. PEDRONI, *Sistemi e tecnologie della comunicazione*, Tecom Project, Ferrara, 2001

individuabili all'interno di una struttura aziendale, nel caso invece di una realizzazione individuale, quale può essere per esempio un sito Web, un blog o comunque un atto comunicativo effettuato dal singolo, le competenze di queste figure professionali devono essere assunte in toto da un'unica persona la quale deve farsi carico da sola di tutte le attività previste dalle varie figure professionali.

Quelle che vedremo, dunque, sono figure professionali le cui competenze possono essere ulteriormente scindibili o accorpabili e che, comunque, concorrono nella realizzazione di progetti di comunicazione multimediale.

Il **coordinatore di progetto** o *project manager*, è una figura professionale che deve essere in grado di pianificare l'impiego di risorse umane e tecniche, di formare il gruppo di lavoro e creare efficaci sinergie interne, di controllare le fasi di realizzazione e la loro temporizzazione, di penetrare la cultura del prodotto sia sul lato tecnico che negli aspetti contenutistici. In definitiva, questo ruolo di coordinamento può essere definito con il termine di "regia ipermediale".

L'esperto di comunicazione è la figura professionale in grado di indirizzare, in seguito all'analisi delle esigenze che originano il progetto di comunicazione, degli obiettivi che questo si pone, del target a cui è diretto e dell'ambito in cui viene sviluppato, le scelte tecniche e organizzative di realizzazione del prodotto nell'ottica dell'efficacia della comunicazione.

L'esperto di contenuti è la figura professionale che conferisce al prodotto di comunicazione i contenuti, in forma di documenti, e ne organizza e rappresenta la struttura e le relazioni interne.

Il **progettista ipermediale**, invece, è l'esperto in grado di progettare l'interfaccia utente per armonizzare contenuti, strumenti e strategie comunicative affinché il prodotto possa avere un aspetto piacevole per l'utente dal punto di vista estetico ed ergonomico.

Il ruolo dell'**esperto nella produzione di documenti multimediali** comporta, oltre alle competenze differenziate di produzione e condizionamento di documenti grafici, animati, sonori, audiovisivi, la capacità di esprimere i contenuti del prodotto utilizzando creativamente i media disponibili, fornendo il necessario supporto in questa attività all'esperto di contenuti, e la collaborazione con l'esperto di produzione del software nell'implementazione dei documenti digitalizzati all'interno del prodotto.

Nell'attività dell'**esperto di produzione del software** convergono in sostanza gli apporti delle figure citate precedentemente. In pratica, l'esperto di software concretizza il prodotto, ne realizza l'impianto estetico, crea le funzioni di controllo e gestione dell'interattività e di navigazione dei contenuti, e implementa i documenti digitali nella struttura software del prodotto.

4.1 La pianificazione

Pianificare un evento comunicativo vuol dire prendere in considerazione tutti gli elementi che compongono la comunicazione e gestirli in funzione del raggiungimento di un obiettivo che ci siamo prefissati.

Questa è una fase importantissima e fondamentale per il raggiungimento degli obiettivi comunicativi. Va fatta bene dunque, perché la riuscita del nostro evento comunicativo dipende tutto da come lo si pianifica, perché le fasi successive della progettazione, sino ad arrivare alla produzione multimediale, sono attuate in funzione della pianificazione ed il loro risultato dipende tutto da come si è pianificato.

Da dove cominciare?

Molto spesso la pianificazione inizia a prendere forma su un struttura comunicativa disegnata su un semplice pezzo di carta per poi trasformarsi in un vero e proprio "workflow".

Premetto che mi sembra chiaro che maggiore è l'importanza che riveste il nostro progetto comunicativo e maggiore deve essere l'impegno profuso nella fase di pianificazione. È altresì palese che se il nostro progetto comunicativo non è, per esempio, il lancio di una nuova autovettura ma un semplice blog dove parliamo di noi stessi, evidentemente la fase della pianificazione, seppure deve essere la base di partenza del blog stesso, può essere attuata in maniera, diciamo, più "leggera", tenendo sempre però in considerazione l'importanza che rivestono gli elementi caratterizzanti la pianificazione stessa e non perdendo mai di vista che l'obiettivo finale, sia che si tratti del lancio di una nuova autovettura sia che del nostro blog, è quello di comunicare in maniera efficace e raggiungere gli obiettivi prefissati.

Ed è proprio da qui che bisogna iniziare: definire gli obiettivi che vogliamo raggiungere col nostro atto comunicativo. È molto importante farlo perché tutto quello che segue dovrà essere attuato in funzione del nostro obiettivo finale.

Per rimanere negli esempi precedentemente citati e diversi per importanza, dobbiamo chiederci qual è il nostro obiettivo nella presentazione della nuova autovettura. Se siamo la casa produttrice sicuramente il nostro obiettivo è far conoscere la nuova macchina nel breve termine, decantandone le qualità e tessendone le lodi, per poi ottenere dei guadagni ricavati dalle vendite nel lungo termine. Se invece siamo una concessionaria di auto il nostro obiettivo primario è vendere, la comunicazione quindi si baserà su rapporti qualità-prezzo, assistenza, etc.

Ma dobbiamo porci le stesse domande anche quando ci approntiamo a mettere online un blog personale fatto di idee, opinioni, commenti.

Qual è il nostro obiettivo?

Cosa vogliamo?

Perché stiamo mettendo un diario online?

Cosa ci aspettiamo di ottenere?

A seconda degli obiettivi che ci prefiggiamo di raggiungere, il blog andrà organizzato e prodotto in maniera tale da consentirci di essere efficaci.

Seguitemi allora in questo viaggio alla scoperta degli elementi sostanziali della comunicazione e delle funzioni ad essi correlati (tra l'altro ne abbiamo già parlato nel primo capitolo), la cui analisi si rende indispensabile per la riuscita del nostro progetto comunicativo. Inizieremo a farlo nell'ordine in cui ritengo debbano essere analizzati al fine di raggiungere gli obiettivi prefissati.

1. MESSAGGIO.

Dopo aver definito gli obiettivi, è giunto il momento di chiederci quale sarà l'oggetto della comunicazione.

D'accordo: la presentazione della nuova autovettura o il blog personale.

Ma non basta la sola definizione dell'oggetto, è necessario una più completa valutazione di ciò che si vuole presentare al ricevente della comunicazione e colpirlo in modo che ne rimanga interessato ed incuriosito.

La **funzione poetica**, insita come abbiamo visto nell'elemento "messaggio", è quella che dirige il senso della comunicazione verso il messaggio e i giochi formali che lo realizzano. Bisogna nello specifico cercare di valorizzare in modo speciale le risorse linguistiche utilizzate per potenziarne il significato. In pratica è necessario attirare l'attenzione del destinatario sul messaggio dando alle parole un'enfasi particolare.

2. RICEVENTE.

Chi sarà il destinatario, l'utente finale, il target della nostra comunicazione?

Non possiamo esimerci dal chiedercelo in sede di pianificazione. Abbiamo assoluto bisogno di conoscere nei dettagli chi sarà il nostro interlocutore e a chi ci stiamo rivolgendo. Questo ci aiuterà ad organizzare la comunicazione proprio in funzione delle peculiarità del ricevente per fare in modo che acquisisca al meglio l'informazione che gli stiamo passando e, soprattutto, si comporti in modo che noi ci auspichiamo che faccia, come acquistare la macchina che stiamo presentando o leggere il nostro post sul blog sino in fondo e lasciare un commento pertinente.

É qui che interviene la funzione **conativa** attraverso la quale si comunica l'influenza che si vuole esercitare sul destinatario, la direzione che il testo deve dare ai comportamenti e ai pensieri del ricevente. In genere, nel messaggio orientato al target, viene utilizzata la forma imperativa e i pronomi di seconda persona singolare o plurale, ma anche domande rivolte a far riflettere il destinatario ed indurlo ad agire.

3. CODICE.

Anche come viene prodotta la nostra comunicazione è di vitale importanza. Non bisogna infatti trascurare la parola parlata o scritta, un'immagine, il tono impiegato per formare il messaggio. La **funzione metalinguistica**, che si riferisce al codice e quindi al linguaggio verbale, si sofferma sulla forma, sulla grammatica, sulla sintassi. L'utilizzo per esempio di forme verbali che inequivocabilmente imprimono un certo grado di autostima e sicurezza da parte nostra circa la bontà del nostro prodotto, avranno sicuramente un effetto positivo nei confronti del destinatario della comunicazione il quale, impressionato dalla nostra profonda autostima e confortato dalla nostra sicurezza, avrà un approccio mentale che lo predispone all'approfondimento di ciò che gli stiamo presentando, fin tanto che saremo riusciti naturalmente a intaccare la sua crosta di scetticismo.

4. CANALE.

Il canale non è altro che il mezzo di propagazione fisica del nostro messaggio, il mezzo attraverso il quale noi comunichiamo con i nostri interlocutori. Può essere una semplice esposizione orale, una presentazione in Power Point, un seminario, la visione di un prodotto multimediale, un'intervista radiofonica, etc.

Comunque sia, va pianificato con molta cura, soprattutto se si ha la possibilità di scelta dei media da utilizzare, perché il prodotto finale deve essere adeguato alle peculiarità dei media che utilizziamo in quanto ogni mezzo è portatore di efficacia in maniera diversa. L'aspetto visivo per esempio è ben diverso da quello uditivo in termini di ricezione del messaggio; non bisogna quindi generalizzare ma preparare un prodotto ad hoc anche a seconda del tipo di medium da utilizzare e fare in modo che il ricevente rimanga incollato a quel medium, inteso in termini di massima attenzione.

Interviene quindi la **funzione fàtica** che, come abbiamo già detto, non è altro che la sollecitazione da parte del mittente ad attivare e mantenere l'attenzione del destinatario verso il messaggio. In sostanza, l'emittente cerca di verificare la tenuta della conversazione da parte del destinatario ed interviene con azioni correttive quando si avvede che un calo di attenzione è in atto.

5. CONTESTO.

Si tratta dell'ambiente significativo all'interno del quale si colloca l'atto comunicativo. Elemento quindi molto importante è la valutazione dell'ambiente in cui noi comunicheremo, anche perché l'esposizione dei nostri contenuti si deve adeguare al contesto in cui è inserito. Contesto che è strettamente correlato con coloro che lo abitano e quindi i potenziali riceventi la comunicazione.

La **funzione referenziale** descrive il contesto ed orienta la comunicazione verso lo stato di cose cui il testo fa riferimento. Inoltre, la citazione di eventi o relazioni tecniche servono a descrivere l'ambito in cui avviene la comunicazione.

6. EMITTENTE.

Voi vi chiederete: "Che c'entra l'emittente? Siamo noi l'emittente!". Appunto, siamo noi ed anche noi dobbiamo essere soggetti a valutazione. Tralasciando il caso del singolo individuo che si appresta a fare un blog, pensate per un attimo a quante persone in un'azienda potenzialmente potrebbero fare quella particolare presentazione per il lancio dell'autovettura nuova. Si, ma chi scegliere? Questo è il punto: bisogna scegliere l'individuo migliore che meglio si addice ai cinque elementi appena descritti e riesce a gestire e rappresentare le relative funzioni comunicative. La persona in questione deve rappresentare l'azienda e si deve fare portatore del messaggio. Deve essere efficace quindi, non può fallire.

Qui viene in soccorso la **funzione espressiva** correlata con l'elemento "emittente". Ricordiamo che la funzione espressiva è quella che comunica lo stato emotivo del mittente. Questa funzione, ove svolta attraverso atti comunicativi sincroni e del tipo "faccia a faccia", viene assolta attraverso, per esempio, gli atti prossemici attraverso i quali il mittente gestisce lo spazio tra sé e il suo interlocutore, oppure tramite il tono di voce ed il suo volume.

Quando invece ci troviamo di fronte ad un tipo di comunicazione asincrono, quale per esempio una e-mail, la funzione espressiva viene assolta tramite il tipo di scrittura, l'uso delle maiuscole per significare che si sta urlando, l'utilizzo degli emoticon, e così via.

Come abbiamo avuto modo di vedere, comunicare in maniera efficace non è semplicissimo e sono implicati tanti fattori da tenere in considerazione. Qui abbiamo elencato solo quelli fondamentali ma, chiaramente, le varianti sono davvero tante e vanno preventivate. Una buona pianificazione di un qualsiasi evento comunicativo, comunque, rappresenta un ottimo investimento per una comunicazione efficace futura.

4.2 La preparazione dei contenuti

Una volta pianificata la nostra attività comunicativa è giunto il momento di iniziare a preparare i contenuti, ovvero ciò che dobbiamo andare a rappresentare al nostro target, tenendo sempre in mente l'obiettivo finale che ci siamo preposti. In particolare, bisogna prestare attenzione alla progettazione dei vari elementi che compongono il nostro prodotto multimediale. È necessario quindi curare la parte visiva, quella sonora, i testi, il modo in cui tutto questo verrà presentato, il tutto con la consapevolezza dell'importanza che ogni singolo elemento riveste.

É importante che i media coinvolti nel nostro progetto comunicativo siano utilizzati in maniera consona a ciò che vogliamo comunicare perché non dobbiamo dimenticare che ognuno di loro ha dinamiche di comunicazione diverse, grado e tipologia di efficacia diversi; come diversi sono il loro impatto emozionale sull'individuo, la capacità di tenere alta l'attenzione, il grado di percezione, l'impatto sulla memoria.

Ad esempio, è stato accertato che l'impatto visivo ha una maggiore influenza sulla memoria rispetto al fatto che l'individuo legga o ascolti la stessa informazione.

Ma se abusassimo di questo tipo di medium otterremmo che il nostro interlocutore si distrarrà dal filo conduttore dei contenuti, e quindi dal nostro obiettivo, perché troppo coinvolto visivamente e concentrato sulle immagini. Non bisogna quindi abusare dell'utilizzo di un particolare medium rispetto ad altri ma cercare di raggiungere un giusto equilibrio, una sobrietà ed una giusta interazione tra i vari elementi in gioco.

Ricordiamo che questa non è la produzione finale dell'evento comunicativo ma solo la fase che lo precede, in cui si sceglie il materiale da assemblare, le immagini che possono rappresentare meglio il nostro prodotto, si preparano i testi, si sceglie il materiale sonoro che deve andare ad interagire con i testi e le immagini. È la fase infine in cui si progetta come i vari elementi scelti debbano andare a collocarsi nel contesto comunicativo, con che priorità e con quale dinamicità il tutto deve avvenire. Si deve arrivare in pratica alla produzione finale dell'atto comunicativo con le idee chiare sui contenuti e la loro rappresentazione e sulla dinamicità dell'evento.

4.3 La realizzazione del prodotto multimediale

La realizzazione del prodotto multimediale deve consistere nell'assemblare, in maniera efficace e semantica, i contenuti mediali che si sono precedentemente preparati, in modo da creare un unico documento multimediale. Chiaramente il tutto verrà realizzato con l'hardware ed il software che si ha a disposizione o che si ritiene più consono alle proprie esigenze.

Non staremo qui dunque a discutere su che cosa dovete utilizzare o su cosa è meglio usare per creare il vostro prodotto multimediale: deve essere a vostra completa discrezione, senza però perdere di vista l'obiettivo che vi siete prefissati di raggiungere col vostro prodotto multimediale.

Quello che faremo invece, nel prossimo capitolo, è analizzare dal punto di vista dell'efficacia comunicativa alcuni eventi comunicativi quali blog, siti Web, presentazioni in Power Point, semplici articoli giornalistici online o comunicati stampa ed altro, allo scopo di vedere come rendere il nostro prodotto multimediale un concentrato di efficacia e quali gli errori più comuni che vengono fatti durante la loro realizzazione.

4.4 La fase di controllo dell'efficacia comunicativa

La realizzazione del nostro prodotto multimediale è conclusa. Ma c'è ancora un'ultima cosa importante da fare prima di presentarlo ufficialmente ai destinatari della comunicazione: effettuare un controllo per valutare l'efficacia comunicativa del prodotto che abbiamo appena fatto, ovvero, dobbiamo chiederci se ciò che abbiamo appena realizzato risponde a determinate caratteristiche che indicano il grado di efficacia del nostro atto comunicativo. Se ciò non dovesse avvenire, prima di pubblicare il nostro prodotto e comunicarlo così all'utenza finale, dobbiamo rivedere le nostre scelte e valutare dove si è commesso l'errore, se in pianificazione, nella preparazione o nella realizzazione.

Vediamo dunque nei dettagli quali sono gli elementi vincolati all'efficacia comunicativa.

Chiarezza.

I contenuti espressi nel nostro prodotto non devono avere ombre di dubbi e non devono destare perplessità e incomprensioni da parte dei destinatari. Il messaggio che vogliamo far passare deve essere chiaro e saper farsi comprendere, ossia, deve essere assolutamente palese ciò che vogliamo ottenere e quali i nostri obiettivi. Particolare cura va prestata nella realizzazione dei testi che servono, tra l'altro, da collante per gli altri media utilizzati.

Pertinenza.

I vari contenuti che vengono assemblati in un unico multimedia devono essere pertinenti col discorso che si intende portare avanti col prodotto. Devono altresì essere pertinenti con lo scopo finale che ci prefiggiamo di raggiungere. In un prodotto multimediale in cui vogliamo presentare una nuova autovettura, se per esempio, durante la "decantazione" delle sue migliori peculiarità viene mostrato un video che riprende l'autovettura in tutto il suo splendore e, nello stesso contesto, ci viene mostrata una bicicletta o un trattore, la loro presenza deve essere pertinente e quindi giustificata dal senso che vogliamo dare al nostro discorso, ovvero, gli elementi devono essere contestualizzati, altrimenti si rischia di avere degli oggetti disgiunti dal filo conduttore del discorso e quindi non pertinenti a ciò di cui stiamo parlando.

Effetto visivo e/o sonoro.

Le immagini e l'audio a corredo del testo assumono un'importanza rilevante ai fini dell'efficacia comunicativa. Come abbiamo però ripetuto più volte, non devono essere invasivi ed il loro uso non deve prevaricare il messaggio testuale. In altre parole, non dobbiamo caricare tutta la responsabilità dell'efficacia del nostro atto comunicativo su un'immagine o su un file sonoro.

Certo, un'immagine a volte può essere molto più efficace di un qualsiasi testo scritto in quanto carica di valori semantici, ma è un processo che richiede tempo e forte concentrazione da parte del nostro interlocutore. Dal momento però che, probabilmente, noi non avremo tutto il tempo a disposizione che vogliamo, abbiamo necessità di essere sicuri che il nostro messaggio passi chiaramente nella frazione di tempo che ci è concessa per comunicare.

Non possiamo in definitiva permetterci il lusso di mettere a repentaglio l'efficacia comunicativa sperando che l'utente capisca al volo il significato intrinseco di una determinata immagine senza che noi la corrediamo di un minimo di spiegazione verbale. Naturalmente questo discorso è da prendere con le pinze in quanto è necessario valutare caso per caso per stabilire le giuste proporzioni della parte testuale e degli effetti visivi e sonori.

Leggibilità.

La leggibilità è un elemento strettamente correlato con quello della chiarezza. Un atto comunicativo esposto in maniera chiara ha ottime probabilità di essere nel contempo leggibile. La leggibilità è quella peculiarità che rende un documento o un evento comunicativo scorrevole, facile da comprenderne le finalità, senza intoppi che costringano l'utente a riflettere più del dovuto sul suo significato o a individuarne gli elementi costitutivi.

Un documento leggibile, in definitiva, non deve essere criptico ed ermetico nei contenuti e, dal punto di vista grafico e stilistico, i suoi componenti intrinseci devono essere prontamente visibili, reperibili e facili da comprenderne il significato ed il valore.

Qualità.

La qualità delle cose che facciamo è indispensabile per la riuscita dei nostri progetti. Sono sicuro che non avete bisogno che questo libro vi convinca del fatto che, dove non c'è qualità non ci sono risultati apprezzabili. È davvero lapalissiano! Mi limiterò dunque a ricordarvi di controllare ogni dettaglio e particolare dei singoli elementi in gioco ed i media coinvolti nel vostro prodotto, anche le sbavature e le imperfezioni meno evidenti.

Ricordatevi che il destinatario della comunicazione, prima ancora dei contenuti che volete esprimere, è proprio la qualità del vostro prodotto che percepisce per primo ed in base a ciò formula il suo primo giudizio che, se negativo, può mal predisporlo ai contenuti del messaggio e può quindi compromettere il raggiungimento dell'obiettivo che vi siete prefissati.

Incisività.

L'incisività è un altro di quegli elementi indispensabili per essere efficaci. Un prodotto multimediale che sia blando nell'esposizione, i contenuti prodotti senza l'enfasi giusta ed espressi senza la grinta necessaria che ci vuole per dimostrare che si sta presentando un prodotto davvero straordinario, ha poche chance che risulti efficace.

Navigabilità.

Sebbene parleremo in maniera esaustiva della navigabilità nel prossimo capitolo a proposito dell'efficacia comunicativa dei siti Web, vale la pena comunque di ricordare che per navigabilità di un documento o di un prodotto multimediale intendiamo la possibilità offerta all'utente di esplorare i contenuti e di navigarli, anche esclusivamente in maniera visiva o semplicemente seguendo dei percorsi mentali, proprio come farebbe con una pagina Web in cui sono presenti dei link.

In fase di preparazione dei contenuti, dunque, bisogna tenere in alta considerazione il fatto di rendere il nostro prodotto accessibile a tale funzione, cercando di creare dei percorsi mirati ad un obiettivo che consentano il destinatario della comunicazione di navigare. È chiaro che a tal fine il nostro prodotto deve essere "confezionato" in modo tale che la navigabilità sia facilitata e in qualche modo spinga l'utente ad attuarla.

Efficacia.

Se siamo stati in grado di ottemperare a quanto richiesto dai sopraccitati elementi, il nostro atto comunicativo è sicuramente efficace. Ma non sappiamo quanto e, soprattutto, in che modo lo sarà. Il risultato finale dipende da tanti fattori, a volte non palesemente tangibili e misurabili. Dipende da quanto siamo stati talmente persuasivi da riuscire ad apportare modifiche comportamentali nei riceventi la comunicazione (parleremo comunque abbondantemente di persuasione nel capitolo sesto).

Molto dipende dalla nostra esperienza in campo comunicativo, molto anche dall'interesse intrinseco ai contenuti espressi. Infatti, se l'argomento che stiamo trattando non interessa minimamente, non c'è strategia comunicativa ed elementi di efficacia che tengano.

Le prime avvisaglie di risultati si possono avvertire già durante l'esposizione dei contenuti. Un esperto comunicatore, infatti, riesce ad avere il sesto senso che gli comunica l'andamento dell'atto comunicativo e gli suggerisce eventuali azioni correttive o migliorative in corso d'opera. Nel caso invece si tratti di un blog, le avvisaglie di efficacia comunicativa le si evincono dai commenti ai post, dalle visite effettuate al blog, da eventuali messaggi privati ricevuti da altri blogger.

In ogni modo, il consiglio che posso spassionatamente dare è quello di verificare l'efficacia comunicativa del nostro prodotto, una volta terminata la fase di realizzazione, provando ad esporlo a delle persone ignare a priori dei contenuti che si vogliono esprimere. Una sorta di test, insomma, dalla quale deve scaturire un feedback dalle "cavie comunicative" che ci deve far capire se sono stati commessi degli errori comunicativi ed eventualmente correggerli.

In definitiva, prima di presentare ufficialmente il nostro prodotto comunicativo, dobbiamo chiederci se raggiunge lo scopo che ci siamo prefissati.

5. Come gestire i contenuti dei prodotti multimediali in maniera efficace

Siamo giunti nel nocciolo del libro, o come direbbero gli appassionati del sistema operativo Unix, nel kernel. L'abbiamo fatto passando attraverso le nozioni basilari della comunicazione, fondamentali per poter avere il giusto approccio alla comunicazione odierna mediata dalla tecnologia. Abbiamo poi affrontato le tematiche relative ai media le quali ci hanno consentito di affrontare la comunicazione multimediale con un adeguato background cognitivo.

È giunto ora il momento di mettere in pratica quanto acquisito. Pertanto, analizzeremo in maniera dettagliata i vari prodotti multimediali di uso più comune e vedremo come manipolare i contenuti in modo da farne un concentrato di efficacia comunicativa, la quale, ci deve portare al raggiungimento degli obiettivi che ci siamo prefissati con tale prodotto. Anche perché, il nostro atto comunicativo perpetrato attraverso un prodotto multimediale non avrebbe senso e ragione di esistere se non fosse concepito e implementato in funzione di uno scopo finale. Infatti, come abbiamo visto nel capitolo precedente, la prima cosa da fare in sede di progettazione è chiederci cosa vogliamo ottenere in termini di risultati, e quindi di efficacia comunicativa, dal nostro prodotto multimediale che ci accingiamo a progettare e realizzare. E non è sufficiente che il nostro sito o il nostro blog producano in qualche modo degli effetti positivi. Devono produrre esattamente gli effetti di persuasione comunicativa che noi ci siamo prefissi in sede di pianificazione.

Si tenga sempre bene in mente che l'essere efficaci in ambito comunicazione non è facile, perché bisogna entrare nel contesto mentale del target e poi perché c'è molta concorrenza in quanto prodotti come il nostro ce ne sono a iosa, bisogna quindi cercare di distinguersi per qualità dei contenuti, per come sono comunicati e fornire un *quibus*, un qualcosa in più che attiri l'utenza.

Non bisogna dimenticare inoltre che il Web, campo d'azione della maggior parte dei prodotti multimediali, non è solo un grosso contenitore di informazioni sparse, ma anche uno strumento di comunicazione da utilizzare attivamente. Inserire informazioni in rete creando un sito aziendale o un piccolo sito personale oppure un blog, sebbene non sia complicato dal punto di vista tecnico, visti gli strumenti offerti da molti provider che consentono attraverso l'uso di *template* ed il CMS (Content management System), ossia sistemi per la gestione dei contenuti, di creare siti e blog anche senza sapere nulla di HTML e comunque alla portata di tutti, anche neofiti, dal punto di vista dell'efficacia comunicativa è un'operazione non proprio elementare e che va analizzata nei minimi particolari.

Come dicevo prima, per essere efficaci bisogna anche sapersi distinguere dalla massa e saper cogliere i minimi dettagli, anche quelli che possono sembrare insignificanti o ininfluenti.

5.1 Blog

Quando parliamo di blog[18] ci riferiamo in genere a una sorta di diario personale che viene messo online per poter essere fruito dall'utenza della Rete. Io ritengo che etichettare un blog semplicemente come un diario sia alquanto riduttivo. Vedremo perché nel proseguo di questo paragrafo.

Dedichiamoci ora a scoprire cos'è nello specifico e come è nato il blog.

Il termine blog, che comunemente utilizziamo, non è altro che la contrazione di web-log, che tradotto dall'inglese significa "traccia su rete". Il fenomeno ha iniziato a prendere piede negli Stati Uniti quando, il 18 luglio 1997, è stato scelto come data di nascita simbolica del blog, riferendosi allo sviluppo, da parte dello statunitense Dave Winer del software che ne permette la pubblicazione (si parla di proto-blog), mentre il primo blog effettivamente pubblicato lo si ha il 23 dicembre dello stesso anno, grazie a Jorn Barger, un commerciante americano appassionato di caccia, che decise di aprire una propria pagina personale per condividere i risultati delle sue ricerche sul web riguardo al suo hobby.

Per quanto concerne invece la versione tronca blog, è stata creata da Peter Merholz che nel 1999 ha usato la frase "*we blog*" nel suo sito, dando origine al verbo "to blog" (ovvero: bloggare, scrivere un blog).

---

[18] M. CALVO, F. CIOTTI, G. RONCAGLIA, M.A. ZELA, *Internet 2004*, Laterza, Bari, 2003

La nascita dei primi servizi gratuiti dedicati alla gestione di blog ha fatto sì che anche in Italia venissero di moda i blog.

Attraverso i blog, la possibilità di pubblicare documenti su Internet si è evoluta da privilegio di pochi (università e centri di ricerca) a diritto di tutti (i blogger, appunto).

La struttura è costituita, solitamente, da un programma di pubblicazione guidata che consente di creare automaticamente una pagina Web, anche senza conoscere necessariamente il linguaggio HTML; questa struttura può essere personalizzata con vesti grafiche dette template (ne esistono diverse centinaia).

Il blog permette a chiunque sia in possesso di una connessione Internet di creare facilmente un sito in cui pubblicare storie, informazioni e opinioni in completa autonomia. Ogni articolo è generalmente legato ad un *thread*, in cui i lettori possono scrivere i loro commenti e lasciare messaggi all'autore.

Il blog è un luogo dove si può (virtualmente) stare insieme agli altri e dove in genere si può esprimere liberamente la propria opinione. È un sito (Web), gestito in modo autonomo dove si tiene traccia (log) dei pensieri; quasi una sorta di diario personale. Ciascuno vi scrive, in tempo reale, le proprie idee e riflessioni. In questo luogo cibernetico si possono pubblicare notizie, informazioni e storie di ogni genere, aggiungendo, se si vuole, anche dei link a siti di proprio interesse: la sezione che contiene link ad altri blog è definita blogroll.

Tramite il blog si viene in contatto con persone lontane fisicamente ma spesso vicine alle proprie idee e ai propri punti di vista. Con esse si condividono i pensieri, le riflessioni su diverse situazioni poiché raramente si tratta di siti monotematici. Si può esprimere la propria creatività liberamente, interagendo in modo diretto con gli altri blogger.

Un blogger è colui che scrive e gestisce un blog, mentre l'insieme di tutti i blog viene detto blogsfera o blogosfera (in inglese, blogsphere). All'interno del blog ogni articolo viene numerato e può essere indicato univocamente attraverso un permalink, ovvero un link che punta direttamente a quell'articolo.

In certi casi possono esserci più blogger che scrivono per un solo blog. In alcuni casi esistono siti (come Slashdot) simili a blog, però sono aperti a tutti.

Alcuni blog si possono considerare veri e propri diari personali e/o collettivi, nel senso che sono utilizzati per mettere on-line le storie personali e i momenti importanti della propria vita. In questo contesto la riservatezza, il privato, il personale va verso la collettività.

La maggior parte dei blogger usa il blog come diario personale, per far conoscere i propri sentimenti e le proprie opinioni ai lettori che hanno a loro volta un blog, ma anche sconosciuti che vagano per la blogsfera passando di link in link. Sono molto diffusi anche i blog tenuti da giornalisti, oppure i blog umoristici e autoironici, impegnati, satirici, "televisivi" o umoristici; non mancano infine blog di scrittori o di poesia. Alcuni blog includono interviste o vere e proprie trasmissioni radiofoniche.

Tra le tipologie più diffuse troviamo:

Blog personale - Come già accennato, è la categoria più diffusa. L'autore vi scrive le sue esperienze di ogni giorno, poesie, racconti, desideri (più o meno proibiti), disagi e proteste. Il contributo dei lettori nei commenti è in genere molto apprezzato e dà vita a discussioni molto personali (ma anche a flame). Questo tipo di blog è usato spesso da studenti di scuola superiore o universitari, con un gran numero di collegamenti incrociati tra un blog e l'altro.

Blog di attualità - Molti giornalisti utilizzano i blog per dare voce alle proprie opinioni su argomenti d'attualità o fatti di cronaca, o più semplicemente per esprimere la propria opinione su questioni che non trovano quotidianamente spazio fra le pagine dei giornali per i quali scrivono. Altre persone utilizzano il blog per commentare notizie lette su giornali o siti internet.

Blog tematico - Ogni essere umano ha un hobby o una passione. Spesso questo tipo di blog diventa un punto d'incontro per persone con interessi in comune.

Blog directory - Una delle caratteristiche peculiari dei blog è la gran quantità di link. Alcuni blog si specializzano nella raccolta di link su un argomento particolare. Anche alcuni siti di news possono rientrare in questa categoria.

Photo blog - Sono blog su cui vengono pubblicate foto invece che testi.

Blog vetrina - Alcuni blog fungono da "vetrina" per le opere degli autori, come vignette, fumetti, video amatoriali o altri temi particolari.

Blog politico - Vista l'estrema facilità con la quale è possibile pubblicare contenuti attraverso un blog, diversi politici lo stanno utilizzando come interfaccia di comunicazione con i cittadini, per esporre i problemi e condividere le soluzioni, principalmente a livello locale.

Urban blog - Blog riferiti ad una entità territoriale definita (una città, un paese, un quartiere) e che utilizzano la tecnica del passaparola digitale per compiti di socializzazione diretta e indiretta anche con l'utilizzo di immagini e video riferiti alla comunità. Interessante l'utilizzo di mappe e di sistemi di social bookmarking per aumentare il livello di condivisione e di collaborazione.

Watch blog - Blog in cui vengono criticati quelli che l'autore considera errori in notiziari on-line, siti web o altri blog.

M-blog - Blog utilizzati per pubblicizzare le proprie scoperte musicali e renderne gli altri partecipi attraverso la pubblicazione di mp3 (da qui il prefisso) o file audio dei più disparati formati.

Vlog o video blog - Si tratta di un blog che utilizza filmati come contenuto principale, spesso accompagnato da testi e immagini. Il vlog è una forma di distribuzione di contenuti audio-video. I vlog sono utilizzati da blogger, artisti e registi.

Audio Blog - Si tratta di blog audio pubblicati attraverso il Podcasting. La peculiarità di questo tipo di blog è la possibilità di scaricare automaticamente sia sul proprio computer che sui lettori mp3 portatili come l'iPod gli aggiornamenti attraverso i feed RSS con gli audio incapsulati.

Nanopublishing - blog monotematico, dal contenuto leggero e scritto a più mani.

Moblog - blog che si appoggia alla tecnologia "mobile", ovvero dei telefoni cellulari. I contenuti sono spesso immagini (inviate via MMS) o video (in alcuni casi registrati direttamente in video chiamata).

Multiblogging - Si tratta della possibilità di gestire più blog con uno script solo, spesso supportano la multiutenza.

Blognovel o blog novel o blog fiction - un romanzo o un racconto suddiviso in brevi tranches che si sviluppa su un blog e che è quindi rivolto ad un pubblico. Il più delle volte i commenti di altri blogger e/o visitatori possono essere utili indicazioni per l'autore nello sviluppo della storia.

Come creare un blog dal punto di vista tecnico-realizzativo?

Dal 2001 ad oggi sono nati molti servizi in italiano che permettono di gestire un blog gratuitamente e, soprattutto, anche ai neofiti dell'informatica in quanto i provider forniscono dei template già preconfezionati in modo che l'utente possa solo inserire i propri contenuti senza preoccuparsi dell'impaginazione e dello stile. Tra i più utilizzati citiamo: Blogger, Clarence, Blogsome, Tiscali, Il Cannocchiale, Iobloggo, Bloggerbash, Bloggers, Tuoblog.org, Libero, Windows Live Spaces, MySpace. Esistono poi alcuni network autogestiti.

Chi invece vuole creare un blog da gestire in totale autonomia, può utilizzare una delle numerose piattaforme di gestione blog; le più diffuse sono: Wordpress, MovableType, TypePad, dBlog CMS Open Source, Nucleus, Pivot, Dotclear, Drupal. Queste piattaforme possono essere utilizzate su un dominio proprio (anche con hosting a pagamento), per generare un servizio maggiormente personalizzato.

5.1.1 Ma chi sono in realtà i blogger?

Bella domanda! Al di là di ciò che abbiamo descritto nel paragrafo precedente, il quale si riferisce a un dato statistico riferito alle varie tipologie di blog esistenti, sarebbe il caso ora di entrare in maniera più approfondita nel merito di chi effettivamente sono i blogger, cosa scrivono, cosa vogliono, che rapporti sussistono tra loro ed i blog su cui scrivono.

In poche parole, al fine di implementare un blog efficace dal punto di vista comunicativo, si rende necessario analizzare dal punto di vista psicologico e sociologico i blogger i quali, ricordiamo, oltre a scrivere sul proprio, sono anche i lettori degli altri blog, e quindi la meta preferita, il potenziale target comunicativo del blog che ci accingiamo a creare.

È bene dunque, come abbiamo più volte ripetuto, che per essere efficaci bisogna che conosciamo a fondo come la pensa il nostro target, che affrontiamo questo tema.

Per diversi mesi, armato di tanta pazienza ed altrettanta curiosità, ho trascorso ore ed ore giornalmente a leggere, analizzare e monitorare tantissimi blog, ad interagire con molti blogger, a scoprire chi c'era dietro un blog, quale personalità vi si nascondeva dietro e se il personaggio recitato sul blog corrispondeva effettivamente alle peculiarità reali del blogger. Ho cercato di chiedermi cosa spingesse un blogger a scrivere determinate cose anziché altre, ho cercato di entrare nella sua mentalità e nel suo ambiente socio-culturale.

Il risultato?

Dati straordinariamente interessanti. Vediamone alcuni.

Iniziamo dai blog che hanno come tematica principale o esclusiva quella del sesso. Sono tantissimi, una miriade. Perché? La ragione per cui molti, anche i maschietti più insospettabili che invece nel blog si dedicano all'arte del "*tacchinamento*" e ad approcci di tipo sessuale molto espliciti e le donne più morigerate nella vita comune che sui blog invece si trasformano dedicandosi al sesso online e all'esibizionismo, postando una marea di fotografie pornografiche che farebbero arrossire persino una pornostar, è proprio dovuto alla peculiarità del canale trasmissivo di questo atto comunicativo, ossia Internet.

La Rete, infatti, consente di interagire con chiunque in maniera anonima o con dati personali, nickname per esempio, puramente fittizi, in modo che non possano ricondurre a collegamenti con la persona reale che c'è dietro. E si sa, protetti dall'anonimato, molti individui sono portati ad assumere atteggiamenti che esulano dai normali comportamenti di vita quotidiana, proprio per il fatto di essere irriconoscibili. Si dà sfogo così alle proprie frustrazioni, ai propri desideri più reconditi e magari repressi nella vita reale. Una sorta di doppia personalità, insomma.

Si scopre così che molti blogger che nella vita reale sono timidissimi diventano sfacciati nelle interazioni del blog o viceversa, oppure persone comunemente mansuete nella vita quotidiana che si trasformano in iene feroci ed adulatori della violenza, quasi come se il blog rappresentasse una valvola di sfogo sociale. Ecco perché dicevo all'inizio di questo capitolo che sarebbe riduttivo definire un blog semplicemente un diario personale con pensierini giornalieri. È qualcosa di più, molto più complesso e strutturato di quanto non si pensi.

É un fenomeno sociale da tenere in seria considerazione. Sebbene abbia riscontrato diversi casi in cui non si palesava eccessiva differenza tra il blogger in quanto normale individuo e il blogger "attore" che recita la parte nel blog, sono comunque tantissimi i casi che ho riscontrato a conforto della tesi di trasformazione socio-culturale.

Sento già la domanda di qualche lettore perspicace che vorrebbe chiedermi come ho fatto a scoprire la vera identità di alcuni blogger e confrontarla con quella falsata del blog. Iniziamo allora col dire che un'altra cosa che ho riscontrato nel tipo di comunicazione nei blog, a parte una diffusa carenza di efficacia comunicativa, ad eccezione naturalmente di alcuni casi, è proprio la scarsa pianificazione della comunicazione attraverso il blog. "Non-pianificazione" che porta inevitabilmente a minare il campo dell'anonimato rendendo così il blogger come colui che si nasconde dietro un dito. A volte basta un piccolo errore, il non aver considerato un dettaglio, che tutto il castello di anonimato cade come una pera matura, come pure i buoni propositi di essere efficaci al cento per cento.

Qualche esempio?

Il blog di una stupenda ragazza, all'incirca una trentina d'anni o forse meno. Il suo profilo è di quelli che mette in circolazione gli ormoni maschili alla sola sua lettura. Foto estremamente hard e molto sexy, sicuramente non fotomontaggi ma scatti amatoriali. Leggendo poi i contenuti dei vari post del suo blog si ha una vera e propria apoteosi di danza di ormoni. Si va dai piccantissimi racconti erotici ai desideri sessuali più estremi.

Ebbene, tutto il blog è impostato in questo modo, a parte un piccolo ed insignificante errore. Nella parte del blog di solito riservata non ai contenuti ma ad informazioni sulla navigabilità, quali link vari, visitatori, amici, etc., c'era una lunghissima lista di link suggeriti o comunque correlati al blog. Li ho scorso tutti ed erano perfettamente consoni al tipo di argomentazione espresso nel blog, link a vari siti porno, blog amici che trattano le stesse tematiche, sexy chat.

Uno in particolare, però, verso la fine della lista attirò la mia attenzione. Il link in questione aveva un testo che apparentemente non aveva nulla a che fare con la terminologia sessuale ma si riferiva a una scuola di danza. Incuriosito, mi sono deciso ad accedere a quel link per dare un'occhiata ed ho scoperto che non aveva nulla a che vedere col sesso, ma semmai con la sensualità, in quanto si trattava di una scuola di danze orientali ed in particolare danza del ventre.

Non ho potuto fare a meno poi di seguire il link messo in evidenza sulla pagina principale di quel sito il quale preannunciava una serie fotografica delle varie esibizioni. Una foto in particolare attirò la mia attenzione. Una ragazza intenta ad eseguire un passo di danza del ventre che assomigliava terribilmente all'intestataria del blog da cui ero partito.

Tutte le foto del blog naturalmente erano state trattate in modo che fossero prive del volto per non far riconoscere a chi appartenessero. Ce ne erano però un paio, una posta di profilo e l'altra dove erano evidenti gli occhi e la parte superiore della testa, che messe a confronto con la danzatrice del ventre risultavano straordinariamente simili, come pure le forme del corpo erano identiche.

Per farla breve, navigando nel sito della scuola di danza sono riuscito a scoprire nome, cognome, professione, indirizzo di casa e persino che la donna in questione era sposata con due bambini; in pratica c'erano tutti i dati di coloro che avevano partecipato ad una manifestazione ufficiale di danza. Ho riscontrato inoltre altri elementi che mi hanno fatto rafforzare l'idea che l'allieva della scuola di danza fosse proprio la blogger.

Per levarmi completamente il dubbio l'ho contattata nella messaggeria privata del blog e, vincendo la sua resistenza e diffidenza, dopo diversi giorni di interazione alla fine sono riuscito a farmi dire ciò che volevo sentire, ovvero la conferma che fosse proprio lei e che lo faceva proprio per i motivi che ho espresso ad inizio paragrafo. Una tranquilla e comunissima mamma dunque, il cui unico sfizio è quello di andare a scuola di danza, ma che nell'anonimato, o ritenuto tale visto che l'ho scoperta, toglie i freni inibitori.

Altri esempi significativi in cui sono riuscito a palesare gli errori di comunicazione commessi nel blog che hanno reso vano il principio dell'anonimato sotto cui i blogger credevano di nascondersi sono davvero tanti. Ne cito solo alcuni senza entrare nel merito delle storie, altrimenti l'errore comunicativo lo commetto io rischiando di uscire dal seminato, e quindi da quanto pianificato.

Emblematici sono i casi di una importante manager di una nota catena di fast-food che sul blog si dà all'esibizionismo più sfrenato, oppure alla giornalista di una emittente privata locale che sul blog si trasforma in una appassionata del sesso orale. O ancora, un dirigente di alto livello che nel blog diventa adepto delle tecniche più particolari del sesso quali bondage, slave e mette chiaramente annunci nel quale si cercano delle "padrone" che lo facciano soffrire e lo trattino come l'ultimo dei cani. Sembrano certamente dei paradossi, ma vi garantisco che è tutto vero.

Altra tematica molto ricorrente nei blog ho riscontrato essere la poesia. Noi italiani siamo davvero un popolo di poeti. Esistono una marea di blog dedicati alla poesia. La cosa straordinaria è che non sono blog di poeti veri e propri ma gente comune che fa i lavori più disparati e che attraverso il blog riesce ad esercitare la vena poetica repressa e la propria passione per i versi.

Anche qui molti sono gli insospettabili, molto più le donne degli uomini, gente che a vederla dal vivo mentre esercita la propria attività lavorativa non gli daresti un centesimo di considerazione per quello che concerne la poetica; cassiere di supermercati, parrucchiere, operai, ingegneri, sarte, casalinghe, che di colpo si trasformano in creatori di versi poetici davvero profondi e talmente concepiti bene da rendere difficile un raffronto con una poesia creata da un professionista dei versi.

Strettamente correlati ai blog di poesia vi sono poi tutti quelli dedicati alla scrittura, ai racconti, al giornalismo, ai commenti su vicende quotidiane. Per non parlare poi di quelli dedicati all'amore, alla passione, ai sentimenti. Una consistente fetta inoltre riguarda i veri e propri diari personali dove vengono inseriti pensieri vari sugli argomenti più disparati e vicende di vita quotidiana vissute.

Concludiamo questo paragrafo con altre due tipologie di blog che hanno destato il mio interesse e curiosità. Ho constatato che ci sono tanti "non blog", ovvero, il blogger si è preoccupato di crearsi un account, lo ha riempito con i dati relativi al profilo e, stranamente, non ha creato nessun blog pur essendo spesso online. Ha creato insomma una sorta di finestra sul mondo in cui si affaccia per vedere cosa succede e come la pensa la gente.

Si badi bene, a prima vista potrebbe sembrare una partecipazione esclusivamente passiva, ma non è così. Infatti, questo tipo di blogger, pur non avendo uno spazio tutto suo per esternare i suoi pensieri, è comunque attivissimo, e lo fa commentando tantissimo i blog altrui. Attenzione dunque, questo è un potenziale target del nostro blog.

Ultima tipologia di blog di cui vorrei parlarvi è quella degli indecisi. Anche quest'ultimi sono un nostro potenziale destinatario della comunicazione, dove il nostro potere persuasivo dovrebbe essere forse più efficace; visto proprio la loro essenza di indecisi dovrebbe essere più facile orientarli a leggere il nostro blog.

Gli indecisi sono quelli che, come i blogger precedenti, hanno creato un bel profilo ma in aggiunta hanno fatto lo "sforzo" di creare il loro blog. Si tratta molto spesso di blog quasi vuoti o con pochissimi post e, di solito, il primo inizia con frasi del genere: "...non so cosa scrivere... i miei amici hanno insistito che lo facessi... ce l'hanno tutti il blog e quindi anch'io ci provo a farlo...".

Di solito questo blogger trascorre tutto il tempo che è online a leggere, senza commentarli, i blog altrui, con la speranza che prima o poi gli venga un'idea brillante su cosa scrivere sul proprio. Essi rappresentano quindi ulteriori potenziali target del nostro blog.

5.1.2 Come implementare un blog efficace

Sulla base di quanto abbiamo analizzato sinora, proviamo a vedere come deve essere implementato un blog affinché sia efficace. Iniziamo allora col dire che cosa intendiamo quando parliamo di efficacia riferendoci ad un blog.

Partiamo dal risultato finale.

A prescindere dall'obiettivo personale che ci siamo prefissi di raggiungere in sede di progettazione del blog, l'obiettivo generale di un blog deve necessariamente essere quello di ottenere molti lettori ed altrettanti individui che partecipano al blog commentando i post presenti. Quindi la prima cosa che dobbiamo pretendere dal nostro blog è che abbia moltissime visite e che la gente si soffermi a commentare ciò che noi abbiamo scritto. Senza il raggiungimento di questo obiettivo primario, quello effettivo e personale che ci siamo preposti non potrà essere attuato. Mi sembra dunque evidente che se la gente non viene a leggere il mio blog io non potrò mai convincerla a fare una determinata cosa.

Una volta ottenuto questo obiettivo, entrano in gioco gli elementi di persuasione e conseguente modifica comportamentale che devono servire a farci raggiungere gli scopi intrinseci, particolari e personali che ci hanno indotto a creare il blog stesso.

Per realizzare tutto questo è necessario che il blog si presenti in maniera tale da rispecchiare gli elementi sostanziali dell'efficacia comunicativa espressi nel capitolo precedente, ma che vale la pena citare nuovamente. Essi sono: chiarezza, pertinenza, effetto visivo e/o sonoro, leggibilità, qualità, incisività, navigabilità, efficacia.

A tal fine, tralasciando quelle che sono le tipologie di contenuti che vogliamo esprimere, vediamo soprattutto qualche consiglio pratico su come impostarli e come presentarli all'utente.

Iniziamo dagli aspetti stilistico-grafici.

Spesso si vedono tantissimi blog che presentano testi lunghissimi, con caratteri piccolissimi, di colore molto simile al background, ammassati senza che vi sia alcun ritorno a capo, per cui il lettore è costretto ad un'enorme concentrazione per capire ciò che noi abbiamo scritto senza perdere il filo del discorso o, al contrario, con caratteri enormi che per leggere una semplice frase bisogna far scorrere un paio di videate. In entrambi i casi l'efficacia comunicativa è pari a zero, o giù di lì. Infatti, l'utente dopo pochissimo tempo si stanca ed abbandona il campo e, probabilmente, non farà più ritorno sul vostro blog, a meno che non sia un amico o qualcuno interessato particolarmente ai contenuti che esprimete.

Quindi, date "aria" ai contenuti, fate spesso dei ritorni a capo, se possibile lasciate un'interlinea in più di spazio tra un periodo e l'altro; fate praticamente in modo che il lettore non si stanchi di leggere e che si possa soffermare su qualche frase o argomento senza il rischio di perdersi nel marasma di parole. Solo così avrete qualche speranza che il lettore arrivi sino in fondo al vostro post.

Inoltre, usate caratteri di dimensioni non inferiori a 10, meglio se 12, e non superiori a 14, massimo 16. I colori del testo, poi, devono poter distinguersi bene dal colore di sfondo del blog in modo da non affaticare la lettura. Non ha alcun senso scrivere con un colore grigio scuro su sfondo nero oppure giallo paglierino su sfondo bianco.

Ci deve essere in pratica il giusto contrasto ed equilibrio tra i colori di scrittura e di sfondo. Infine la lunghezza del singolo post: dipende dalle dimensioni del carattere, orientatevi comunque intorno ai 3000 caratteri per post cercando di non superare i 5000 e comunque, l'ideale sarebbe che il contenuto di ciò che avete scritto riesca a rimanere nell'ambito di una videata o al massimo una e mezza. Se avete necessità di fare un reportage o un articolo più lungo suddividetelo in più parti.

Parliamo ora degli aspetti stilistico-letterari.

Non c'è bisogno che io vi dica che il testo che presentate deve essere scritto correttamente dal punto di vista lessicale e grammaticale. Premesso ciò, cercate di attenervi il più possibile alle funzioni comunicative esplicate nel primo capitolo. Sono davvero fondamentali per "confezionare" un testo di qualità ed efficace.

Per quello che concerne i contenuti, al di là dell'indiscutibile soggettività dell'argomento prescelto, il mio consiglio è quello di tenere in considerazione l'analisi fatta a proposito dell'essenza dei blogger e della prevalenza di tematiche trattate.

Mi riferisco all'idea di inserire nei vostri post, senza esagerare, qualche frase ad effetto di tipo poetico, oppure, in maniera discreta, fare qualche ammiccamento sensuale e intrigante che accenni in maniera velata ed elegante al sesso senza necessariamente parlarne in maniera esplicita, una semplice allusione e null'altro, altrimenti si scade nel volgare e, probabilmente, si va fuori tema.

Cercate inoltre di strutturare il contenuto del post dandogli un taglio di tipo giornalistico. Lo vedremo meglio nei dettagli nei prossimi paragrafi quando spiegheremo come scrivere un articolo giornalistico da pubblicare online. Limitiamoci per il momento a dire che sarebbe opportuno che il post fosse strutturato e composto da tre elementi sostanziali: una testa, in cui si fanno premesse e pongono frasi introduttive, un corpo, nel quale viene inserito il contenuto del post, una coda, in cui si fanno delle considerazioni finali in merito all'argomento trattato, aggiungendo qualche frase ad effetto che invogli il lettore a postare un commento, del tipo: "Cosa ne pensi tu di questo?" oppure "Fammi sapere la tua opinione in merito".

A proposito dei commenti dei lettori, è utile ricordarvi che, una volta postati non devono rimanere fini a se stessi ma dovete cercare di trarre il massimo profitto da essi. Come? Replicando in maniera altrettanto intelligente e sottolineando furbescamente la pertinenza e l'eccellenza del commento postato dal lettore. Cercate inoltre, come si usa dire nel gergo dei giochi di carte, di "rilanciare", per far sì che il dialogo abbia una certa continuità in modo da coinvolgere anche altri lettori nella discussione instaurata.

Un altro consiglio è quello di navigare sovente sugli altri blog e, ove lo ritenete opportuno, postate dei commenti, anche semplici, purché pertinenti e intelligenti; devono praticamente dimostrare chiaramente che avete letto tutto il post prima di commentare e che non si tratta di un'esca per attrarlo nel vostro blog.

Una consuetudine del tipico blogger è quella che, quando riceve una visita nel proprio profilo o blog, la ricambia, se non altro per curiosità e se voi avete commentato un suo post lui sicuramente farà altrettanto col vostro il quale, se sarà stato implementato con tutti i crismi dell'efficacia comunicativa, avrà sicuramente altre visite e commenti da parte dello stesso blogger, altrimenti vi bolla come non-interessante e vi abbandona per sempre.

Visitare altri blog, dunque, rappresenta un evidente fattore di visibilità per il nostro. A tal fine, vi consiglio di cercare tramite i tag, o parole chiave correlate ai vari post presenti sul provider del blog, i post che trattano lo stesso argomento del vostro, in modo da orientare il vostro target verso di loro e, su di essi, postare dei commenti in modo da "scremare" coloro che restituiscono la visita ed essere quasi certi che sono perlomeno interessati all'argomento trattato.

Spieghiamo meglio questo concetto con un esempio estremo.

Se ad esempio la tematica principale del vostro blog è inerente al ricamo, taglio e cucito, ne converrete con me che un blogger che tratta argomenti musicali "heavy metal" non si sognerà nemmeno di visitarvi, tanto meno di postare un commento. È inutile quindi ostinarsi a volerlo acquisire come lettore a tutti i costi. Effettuate piuttosto una ricerca ipertestuale tramite una parola chiave che sia correlata con le tematiche del vostro blog, in modo da ottenere una lista di blog che trattano gli stessi argomenti vostri.

Fatto ciò, iniziate a leggerli e postate diversi commenti e vedrete che in breve tempo riceverete tante visite ed altrettanti commenti.

Se sarete riusciti a trattenere l'utente a leggere tutto il vostro post e l'avrete invogliato a postare un commento intelligente e pertinente e addirittura avrete fatto in modo che l'utente ritornasse, beh, allora vuol dire che l'atto comunicativo che avrete perpetrato attraverso quel post sarà stato significativamente efficace.

Fate in modo ora di non guastare tutto con i media che correlate al post. Le immagini, i file sonori, i video che eventualmente volete mettere a corredo del post non devono essere invasivi, devono avere una presenza discreta, avere il giusto equilibrio col testo ed essere impaginati in maniera intelligente. Devono anch'essi, insomma, rispecchiarsi negli elementi sostanziali dell'efficacia comunicativa, già citati abbondantemente in questo libro.

In definitiva, se utilizzate questi piccoli accorgimenti, vedrete che anche un blog che tratta tematiche poco interessanti e dai contenuti forse noiosi (ovviamente per voi saranno di estremo interesse, ma potrebbe non esserlo per gli altri), vi accorgerete di aver fatto almeno un passo avanti verso l'efficacia comunicativa.

Chiaramente ci sono tantissimi altri fattori soggettivi, oltre a quello oggettivo relativo al tipo di contenuto che può interessare o meno, quali lo stile proprio di scrittura, il modo di porsi nei confronti del lettore, le modalità di promozione che si utilizzano per far conoscere il proprio blog ed invogliare l'utenza a visitarvi, che influiscono sicuramente sull'efficacia comunicativa (come pubblicizzare il proprio prodotto multimediale lo vedremo nel prossimo capitolo).

Quello che ho cercato di fare io è elargirvi qualche consiglio pratico per fornirvi le basi dell'efficacia comunicativa attraverso il blog. Uno spunto per partire dunque, un punto di partenza; poi sta a voi approfondire l'argomento e migliorare anche attraverso l'esperienza che acquisirete.

5.2 Presentazioni multimediali per briefing, conferenze e seminari

Le presentazioni multimediali oggi rappresentano un importante evento comunicativo utilizzato su larga scala in ogni contesto, da quello aziendale a quello didattico, da quello promozionale a quello semplicemente informativo.

Ho partecipato a tantissimi di questi eventi e devo dire che molti sono gli errori comunicativi commessi, spesso si assiste ad uno strazio comunicativo, sia per come sono state preparate le varie slide di "Power Point" o altro software utilizzato, sia per la pessima esposizione orale. Lastrine zeppe di contenuti, illeggibili e mal scritti, con una presentazione che, senza enfasi, è limitata alla sola lettura di quanto scritto sulla diapositiva, lascia gli utenti perplessi sul fatto di ascoltare quanto detto o leggere le stesse cose sulla slide.

Il risultato è che l'utente non recepisce nulla o poco del messaggio che si tenta di far passare in quanto distratto a comprendere quanto scritto e correlarlo a quanto detto. In questi casi l'efficacia comunicativa è talmente bassa da far sperare agli utenti che il tutto finisca presto.

Invece, una presentazione multimediale deve avere maggiore considerazione, in primis da chi la prepara e la espone al pubblico, perché, se fatta con i dovuti criteri diventa un concentrato di efficacia comunicativa che ci porta dritto al raggiungimento degli obiettivi che ci siamo prefissati.

Vediamo allora qualche consiglio utile e, soprattutto, pratico.

Iniziamo dicendo una cosa ovvia, ovvero che una presentazione multimediale si compone di due elementi sostanziali: gli effetti visivi e sonori delle slide o lastrine presentate e l'esposizione orale che le accompagna e le completa dal punto di vista comunicativo. Li vedremo entrambi nei prossimi due paragrafi.

Concludiamo questo breve paragrafo dicendo un'altra cosa altrettanto ovvia per chi ha letto il libro fino a questo punto: non vi azzardate nemmeno a mettervi subito al computer per preparare la vostra presentazione! Ricordatevi di progettarla e pianificarla prima, come descritto nel quarto capitolo.

5.2.1 La preparazione delle slide

Non mi stancherò mai di ripetere in questo libro l'importanza che rivestono gli elementi relativi all'efficacia comunicativa. Chiarezza, pertinenza, effetto visivo e/o sonoro, leggibilità, qualità, incisività, navigabilità, efficacia, sono tutte peculiarità che devono trovare spazio nelle nostre slide di presentazione.

Ricordo inoltre che le presentazioni non devono avere "tempi biblici", ma bisogna invece cercarle di limitarle ai tempi che si ritiene non facciano calare il picco dell'attenzione. Anche perché è difficile in questo contesto dire con esattezza quanto deve durare una presentazione. Dipende infatti dal tipo di contenuti, dal target, dall'abilità di chi la presenta, dal contesto e da tanti altri fattori da valutare caso per caso.

Iniziamo a parlare dei contenuti.

Dal punto di vista globale dell'intera presentazione, i contenuti devono essere organizzati nel seguente modo: testa, corpo, coda. Tre elementi che, sebbene siano disgiunti fisicamente tra loro, devono essere correlati razionalmente da un filo logico e concettuale.

Vediamoli nei dettagli.

La testa della presentazione è rappresentata da poche slide nelle quali devono trovare posto un'agenda che citi i contenuti che saranno espressi, una sorta di sommario insomma. Inoltre, le slide della testa servono per la parte introduttiva della presentazione, ovvero, per dichiarare gli obiettivi che ci si propone con la presentazione, per citare delle premesse relative ai contenuti e fare delle considerazioni che, da una parte stimoleranno ed inizieranno a far riflettere gli utenti sugli argomenti che verranno proposti, e serviranno a chi espone la presentazione, a dargli lo spunto per trarre le conclusione al termine della presentazione stessa.

È molto importante come si inizia una presentazione in quanto si gettano le basi di quello che sarà il risultato finale. É bene dunque avere sempre in mente chiaramente quali sono gli obiettivi che si vogliono raggiungere sin dalle prime slide.

Le slide del corpo della presentazione invece devono essere utilizzate per esplicare i contenuti che si vogliono trasmettere agli interlocutori. È necessario farlo portando avanti un discorso con una certa logicità e sequenzialità in modo da agevolare l'utente nella comprensione dei contenuti e nell'apprendimento dei nostri obiettivi.

La parte finale della nostra presentazione, definita coda, deve servire per concludere in maniera brillante ed efficace il nostro atto comunicativo. Partendo dalle premesse iniziali nelle quali abbiamo fatto una dichiarazione d'intenti ed abbiamo introdotto l'argomento di cui abbiamo parlato nel corpo, dobbiamo trarre le conclusioni relative ai contenuti e dare delle risposte agli ultimi interrogativi rimasti ancora in sospeso. Devono trovare posto inoltre, anche se non necessariamente, un'agenda conclusiva nella quale si riepiloga brevemente quanto discusso sino a quel momento ed uno spazio aperto alle domande dei nostri interlocutori.

Parliamo ora dei contenuti relativi alle singole slide.

Che tipo di contenuti mettere nella slide? Non sicuramente l'esatto testo che avete intenzione di dire verbalmente.

Vediamo cosa, allora. Partiamo dal presupposto che il risultano finale di efficacia comunicativa della singola slide deve essere una sinergia che scaturisce da quello che oralmente dite voi, mentre scorre la slide in cui vi sono solo dei richiami, delle frasi che si ricollegano al discorso che state portando avanti, degli spunti di riflessione, le così dette "frasi chiave" dell'argomento. Questo perché è necessario che l'utente non passi tutto il suo tempo a leggere quanto avete scritto sulla slide, ma lo faccia il tempo necessario per "metabolizzare" quelle poche parole per poi rivolgere la sua attenzione su di voi e deve fare così per tutto il tempo: volgere il suo sguardo a ciò che avete scritto e subito dopo deve pendere dalle vostre labbra e così via.

Ricordatevi una cosa fondamentale nelle presentazioni: voi siete lì per spiegare i contenuti della vostra slide e non viceversa! Quindi: pochi richiami sulla slide ed il resto lo dovete fare voi col collante narrativo.

A tal fine, ogni singola slide non deve contenere più di 25 o 30 parole, a parte i titoli e le intestazioni, altrimenti il rischio è che il vostro ascoltatore passi tutto il tempo che permane visibile la slide in questione a leggerla senza prestare attenzione a quello che direte voi. Anzi, se ce la fate, cercate di rimanere addirittura al di sotto delle 25 parole, meglio ancora se 20.

Vediamo ora qualche consiglio sulla presentazione dal punto di vista dell'aspetto grafico.

Sebbene in linea generale valgano le regole espresse nel paragrafo relativo ai blog, una presentazione richiede maggiore cura nel suo aspetto grafico in quanto la sua efficacia comunicativa presenta delle difficoltà maggiori.

Se la visione di uno schermo del computer viene fatta di solito ad una distanza esprimibile in centimetri, una presentazione invece viene fruita da diversi metri, a volte molti, con condizioni di luce spesso sfavorevoli. La dimensione dei caratteri dunque assume una rilevanza particolare. Scrivere dei contenuti su una slide con un carattere di dimensione 12 sarà visibile, forse, solo a coloro che sono seduti in prima fila; per il resto dell'audience sarà solo una macchia indefinita e sfuocata. Per esperienza, suggerisco di scrivere le parole sulla slide con un carattere non inferiore a 20. In questo modo il tutto sarà visibile anche a distanze di parecchi metri.

Particolare attenzione va prestata ai colori utilizzati ed ai contrasti testo-sfondo. In virtù del fatto che le condizioni di luce del locale ove viene fatta la presentazione possono non essere sempre ottimali, è bene che ci sia sempre molto contrasto tra il colore di sfondo della slide e quello di scrittura. Tenete inoltre in considerazione il fatto che lo schermo su cui viene proiettata la presentazione è sempre bianco o, comunque, di un colore molto chiaro e che la presentazione viene fatta al buio o semibuio.

Nei limiti del possibile, quindi, cercate di utilizzare sfondi chiari per le vostre slide e colori scuri per i vostri testi, in modo che la vostra slide possa avere un miglior risalto nel buio ed attirare così maggiormente l'attenzione degli interlocutori.

Anche per quello che concerne l'uso delle immagini o file sonori all'interno delle slide vale il discorso fatto nei paragrafi precedenti: usate i media con criterio e pertinenza. Soprattutto, ricordate una cosa basilare, ovvero, non fate perdere tempo ai vostri interlocutori a cercare di comprendere le ragioni di una data immagine e il nesso che possa avere coi i contenuti ad essi correlata: spiegateglielo voi o dategli qualche indizio che lo porti al ragionamento in brevissimo tempo, altrimenti si distrae a pensare alla soluzione e non vi presta più ascolto, e continuerà a farlo anche nelle slide successive, se l'immagine l'ha colpito particolarmente e non riesce a collocarla nel giusto contesto. Addio efficacia comunicativa, dunque, in quest'ultimo caso. Attenzione quindi.

5.2.2 L'esposizione orale

L'esposizione orale rappresenta il motore della presentazione multimediale. È molto importante dunque che venga fatta con la giusta consapevolezza ed adeguato senso di responsabilità, anche perché il risultato finale, e quindi il raggiungimento degli obiettivi prefissati, dipende proprio da come si è riusciti a gestire le slide e far passare i contenuti ai destinatari della comunicazione. È necessario farlo in maniera brillante, sapendo gestire il "palcoscenico", utilizzando tutte le capacità comunicative e persuasive; in poche parole, riuscire ad essere abili comunicatori.

Dal punto di vista comunicativo, un'esposizione orale di una presentazione multimediale si divide in due fasi distinte: una unidirezionale ed un'altra bi- direzionale.

Quasi tutta la presentazione è una comunicazione unidirezionale del tipo uno-a-molti dove un'unica persona gestisce i contenuti e trasferisce le informazioni ad una platea di persone le quali, per il momento, non hanno la possibilità di interagire. Lo faranno alla fine della presentazione dove, di solito, nelle ultime slide viene data la possibilità agli utenti di porre delle domande. In questo caso la comunicazione si trasforma in bi-direzionale in quanto, l'interazione tra chi presenta il briefing e chi pone la domanda li pone su di un livello di interscambio di ruoli emittente-destinatario.

Da notare come, pur rimanendo un tipo di comunicazione bi-direzionale sia nella domanda che nella risposta, il tipo di relazione comunicativa cambia però a seconda che si tratti della domanda o della risposta.

Mi spiego meglio.

Quando un partecipante ad un briefing pone una domanda, in quel preciso istante si sta attuando un tipo di comunicazione bi-direzionale in quanto c'è un interscambio alla pari tra lui e chi presenta il briefing, ma anche un tipo di comunicazione uno-a-uno e non più uno-a-molti in quanto la domanda viene fatta da una persona ad un'altra persona, in questo caso il presentatore. Nella risposta, invece, torna ad attuarsi la comunicazione del tipo uno-a-molti ed unidirezionale. Riuscire dunque a comunicare in maniera efficace in una presentazione non è facile, anzi.

Vediamo allora qualche consiglio su come gestire una platea di ascoltatori.

Cominciamo dalla gestione dei rapporti presentatore-audience.

Iniziamo col dire che il presentatore deve ostentare, in ogni momento, sicurezza e determinazione. Deve praticamente dimostrare all'audience che crede in quello che dice e nei contenuti che presenta. Se non ci crede lui, figuriamoci chi lo ascolta! Lo deve fare tenendo in ogni momento un tono di voce chiara, sicura, convincente e con un tono di voce che mostri determinazione ma al tempo stesso quella pacatezza che lascia trasparire convinzione in quello che dice. Il risultato che deve scaturire è la conquista della fiducia e la stima dell'audience sin dalle prime slide.

È importante perciò che il discorso da fare venga preparato nei minimi dettagli in fase di progettazione e, cosa importantissima, non deve essere mai letto ma "recitato", sebbene con l'ausilio di supporto cartaceo ove sono segnati i punti salienti da dire. Ai fini dell'efficacia comunicativa è bene imparare ad utilizzare in maniera razionale e discreta i linguaggi non verbali della comunicazione che devono accompagnare sapientemente l'esposizione orale. Mi riferisco alla gestualità, la mimica facciale, gli atti prossemici.

La gestualità è fondamentale per rafforzare i concetti che si esprimono e mostrano inoltre un maggiore personale coinvolgimento nei contenuti che irradia sicuramente fiducia nei propri ascoltatori. La mimica facciale invece viene utilizzata per esternare le proprie sensazioni ed emozioni.

Gli atti prossemici infine devono servire per simulare un contatto diretto con l'audience. I piccoli movimenti del corpo che si muove talvolta in direzione della platea per poi subito arretrare devono dare l'impressione quasi di voler abbracciare i propri ascoltatori nel tentativo di volerli coinvolgere direttamente nell'esposizione dei contenuti. Devono in pratica sentirsi parte diligente della presentazione, ebbene, nella realtà, siano in una situazione di passività comunicativa.

Ritengo inoltre sia fondamentale tenere sempre impresse in mente le funzioni comunicative, che abbiamo esplicato nel primo capitolo, con le quali il presentatore deve assolutamente prendere confidenza. Vi consiglio vivamente di rileggerle: le troverete davvero utili nella preparazione dell'esposizione orale.

Altra cosa fondamentale è fare in modo che l'audience non abbia cali di attenzione. È bene a tal fine che, come espresso nelle funzioni comunicative, il presentatore verifichi di tanto in tanto la tenuta del canale con frasi intercalari che servono a richiamare maggiormente l'attenzione ed a dimostrare all'audience stesso che è indispensabile la loro piena comprensione dei concetti che vengono espressi.

Infine, un minimo di adulazione nei confronti dell'intelligenza dell'audience sicuramente non guasta. Spendere infatti qualche parola di stima nei confronti di coloro che ci ascoltano servirà a rafforzare la loro autostima, predisponendoli emotivamente ad essere persuasi da ciò che direte. L'efficacia comunicativa avrà tutto da guadagnare!

Per quello che concerne invece i rapporti comunicativi presentatore-slide, la cosa principale da dire è che il presentatore deve fare sempre in modo che l'attenzione dell'audience sia rivolta a lui che è il "regista" della presentazione. Gli ascoltatori devono volgere il loro sguardo alla slide solo il tempo necessario per catturare gli elementi chiave dell'argomento e poi pendere dalle labbra di chi presenta per ottenere ulteriori spiegazioni in merito. È bene a tal fine che il presentatore sappia interagire in maniera intelligente con l'audience stabilendo di volta in volta quando deve guardare lo schermo e quando lui.

Molto spesso, l'uso di puntatori laser o altri strumenti di indicazione aiutano a dirigere lo sguardo dell'audience.

Altra peculiarità che chi presenta deve possedere è il comprendere al volo, dagli sguardi, dalla mimica facciale di chi l'ascolta, quando qualche argomento risulta essere ostico alla comprensione da parte dell'audience. In tal caso deve avere un'abilità di improvvisazione degna di un bravo attore nel rispiegarla con altri termini ed in maniera diversa, anche se non previsto dal suo "copione".

Non c'è bisogno quindi che vi dica che colui a cui è stato demandato il compito di fare un'esposizione orale deve avere una conoscenza profonda dei contenuti; non deve quindi imparare il testo a memoria ma studiarlo e metabolizzarlo.

5.3 I linguaggi non verbali della comunicazione e i prodotti multimediali che maggiormente ne fanno uso

Forum, Chat ed SMS sono i classici esempi in cui i linguaggi non verbali della comunicazione mediata la fanno da padrone. I linguaggi non verbali, in questo caso, vanno a definire gli stati emotivi e le sensazioni che, nelle interazioni in presenza sono attuati dalla gestualità, dalla mimica facciale e dagli atti prossemici.

Ciò scaturisce dal fatto che, l'evolversi delle comunità virtuali, nonché l'esplosione delle interazioni su Internet, necessitano di ulteriore considerazione dal punto di vista degli atti comunicativi. In particolare, questa nuova forma di comunicazione che si sta evidenziando in Rete, non può ignorare le dinamiche processuali che scaturiscono dalla comunicazione virtuale.

Gli aspetti sociali del cyberspazio si concentrano soprattutto attorno al fenomeno delle comunità virtuali. Una possibile definizione di comunità virtuale è che si tratta di nuclei sociali che nascono nella rete quando persone partecipano costantemente a dibattiti e intessono relazioni interpersonali nel cyberspazio.

La comunicazione tra i membri di una comunità virtuale è solitamente di tipo verbale. Questo vuol dire che, se l'unico codice per trasmettere messaggi è la lingua scritta, ad essa deve essere affidata la rappresentazione anche dei significati che in una normale conversazione sarebbero veicolati da altre forme di espressione.

Come abbiamo già accennato, vengono a mancare le informazioni che ognuno deriva dalle espressioni facciali, dai tratti soprasegmentali della voce, dal linguaggio corporeo e dall'ambiente fisico che fa da contesto al messaggio verbale stesso.

Il "dialogo elettronico" deve quindi essere arricchito di particolari accorgimenti che permettono di ricostruire, solo parzialmente, il contesto fisico e sociale assente.

L'esempio più classico è rappresentato dalle "emoticon", simboli convenzionali usati per esprimere emozioni o atti non verbali, inerenti la conversazione, che non possono essere espressi attraverso la scrittura.

Altro esempio può essere rappresentato dallo scrivere una frase tutta in lettere maiuscole che equivale, nelle interazioni faccia a faccia, come se stessimo urlando quella determinata frase.

Ciò che è realmente interessante da notare nelle interazioni in ambienti virtuali è la particolare commistione di oralità e scrittura.

L'oralità della conversazione è legata alla rapidità dell'interazione virtuale che l'avvicina molto alle interazioni faccia a faccia.

La scrittura è legata invece al tipo di mezzo utilizzato per l'interazione. Ciò che ne risulta è un tipo di comunicazione a metà fra oralità e scrittura.

Un secondo tipo di strategia comunicativa è rappresentato dall'uso di acronimi e abbreviazioni. In questo modo si cerca di ridurre al minimo il tempo di battitura della frase sulla tastiera del computer, che rappresenta uno dei problemi maggiori nello scambio comunicativo.

Se infatti consideriamo nullo il tempo di trasmissione del messaggio, l'unico fattore che può introdurre un rallentamento nell'interazione è la velocità con cui il messaggio viene digitato sulla tastiera. Anche per questo, in molti casi, si dividono in più parti le frasi molto lunghe. In tal modo, anche se le informazioni che riceve il destinatario sono incomplete, l'interazione mantiene comunque un ritmo molto più simile ad una interazione faccia a faccia.

In base alle lingue usate per l'interazione, gli acronimi e le abbreviazioni cambiano. In ambedue i casi si possono comunque notare alcune differenze nell'utilizzo di queste strategie comunicative nelle varie comunità virtuali, tanto che, a parità di lingua utilizzata per l'interazione, spesso può risultare difficile per un individuo esterno alla comunità comprendere a fondo il senso del discorso.

Potrei affermare che le comunità virtuali tendono a creare, come quelle reali, una propria lingua che le differenzia e le isola dalle altre comunità. Se a ciò si aggiunge che, nella maggior parte dei casi, gli appartenenti ad una comunità costruiscono l'interazione sulla base di informazioni "implicite", si può dedurre che, almeno nei primi tempi, la struttura sociale di una comunità può apparire molto chiusa per un nuovo individuo che ne viene a contatto.

Oltre alle emoticon, vi è un altro modo di esprimere informazioni non verbali in un ambiente virtuale: il comando *emote* (o azione). Attraverso tale comando è possibile sia dare maggiori informazioni sulla comunicazione verbale in atto, che informare di azioni svolte all'interno dell'ambiente virtuale.

Gli argomenti sin qui esposti hanno delineato l'importante ruolo comunicativo ed interattivo della comunicazione verbale in una comunità virtuale, ed inoltre un meccanismo attraverso il quale gli ambienti virtuali, istituendo luoghi "virtuali" di socializzazione alternativi ai tradizionali luoghi fisici e codificando linguaggi specifici di comunicazione alternativi ai mezzi di comunicazioni orali e scritti usati nelle società "reali", non influiscono tanto sul cambiamento sociale nelle società "reali", ma danno vita a nuove comunità "virtuali" che si muovono parallelamente alle comunità "reali".

6. Come pubblicizzare un prodotto multimediale

Siamo giunti quasi al termine di questo percorso che ci ha visto attraversare le strade principali che portano alla realizzazione di un prodotto multimediale efficace. Ma non basta, manca ancora un tassello per completare l'opera. Infatti, non avrebbe senso realizzare un atto comunicativo senza la dovuta promozione del prodotto. Anche perché, è importante ricordare un concetto che a volte sfugge ai neofiti del Web: in Rete una notizia non si propaga in modo autonomo.

Questo significa che dopo aver messo un comunicato stampa su una pagina Web, un nuovo blog o un nuovo sito Web con un nuovo indirizzo, nessuno ne può essere a conoscenza, se non per caso o perché ne viene informato. Come gli esperti di Web marketing ben sanno, per portare utenti su un sito bisogna opportunamente avvisarli.

La pubblicità, ricordiamo, che è il biglietto da visita del nostro prodotto; è importante quindi il modo in cui viene progettata e realizzata. Anche perché, un giudizio negativo da parte dei riceventi la comunicazione su come è impostata la pubblicità, renderà tutto in salita il percorso verso il raggiungimento dei nostri obiettivi di efficacia comunicativa.

Le tecniche e le modalità realizzative del nostro annuncio pubblicitario sono praticamente riassunte nei vari paragrafi del capitolo quinto. Potrebbe trattarsi di un comunicato stampa, di un articolo sul Web, di un annuncio su un forum, di una vera e propria presentazione multimediale pubblicata su Internet che esplichi i contenuti da presentare, potrebbe essere addirittura una pagina Web o semplicemente una e-mail mandata ai destinatari della comunicazione.

In qualunque modalità decidiate di pubblicizzare il vostro prodotto multimediale, ricordatevi di fare tesoro dei consigli espressi in questo libro.

Mancano però ancora due elementi per completare il puzzle cognitivo sull'efficacia comunicativa.

I prossimi due paragrafi, pertanto, andranno a completare il bagaglio culturale con gli elementi concettuali della pubblicità e della persuasione, le cui conoscenze, unite a quelle già acquisite sinora, vi faranno avere una visione globale della comunicazione efficace.

6.1 Che cos'è la pubblicità

La pubblicità, in quanto l'arte di convincere i consumatori, può essere considerata un ponte tra il prodotto, o il servizio, e il consumatore.

É bene tenere in mente, e spiegheremo poi il perché, che la pubblicità non è una strada da percorrere ma da tracciare.

La pubblicità rappresenta una forma di comunicazione unidirezionale in cui è sempre individuabile chi la promuove, generalmente veicolata dai grandi mezzi di comunicazione di massa, rivolta a stimolare la propensione al consumo.

È un fenomeno complesso e multi-dimensionale che va oltre il semplice annuncio cui la gente solitamente si riferisce. La straordinaria complessità della pubblicità appare inversamente proporzionale alla sua apparente e stereotipa semplicità.

Indubbiamente la pubblicità fa parte della nostra vita quotidiana e presenta le caratteristiche della familiarità, della semplicità e dell'accessibilità. È inoltre la risultante dell'operato di una serie di soggetti che, pur avendo ruoli e finalità ben distinte, l'utente o l'impresa, l'agenzia di pubblicità, le organizzazioni di supporto quali società di consulenza o ricerca, i media, il pubblico, sono costantemente interagenti l'uno con l'altro generando una realtà di gran complessità.

Se prendiamo in considerazione la pubblicità come genere massmediologico, constatiamo che va avviandosi ad avere la stessa autonomia, specificità comunicative e, almeno in prospettiva, dignità dei generi ormai istituzionalizzati nel mondo delle comunicazioni di massa. La pubblicità, infatti, ha ormai acquisito una propria autonomia espressiva e comunicativa ed è diventata una sorta di "metagenere" all'interno del variegato scenario dei mezzi di comunicazione di massa.

La pubblicità, in quanto elemento complesso da cui si scatenano dinamiche di comunicazione, non può non tenere in considerazione le famose funzioni della comunicazione del sociologo Roman Jakobson, già abbondantemente esplicate in questo libro.

Come ricorderete, egli asserisce che, affinché si possa parlare di comunicazione efficace, è necessaria la presenza di sei fattori sostanziali che in qualche modo sorreggono la comunicazione. A ciascuno di questi sei fattori, emittente, canale, messaggio, codice, contenuto, destinatario, Jakobson attribuisce sei funzioni relative, espressiva, fatica o percettiva, poetica, metalinguistica, referenziale, conativa.

La pubblicità nasce senza dubbio per esercitare principalmente una funzione conativa, il suo scopo insomma è quello di agire simbolicamente sul destinatario in modo da modificarne il comportamento e il pensiero. Esercita questa funzione attraverso, naturalmente, l'impiego delle altre cinque funzioni. Forse più di ogni altro atto di comunicazione, quindi, la forza e il valore della pubblicità dipendono dal suo destinatario e la pubblicità deve essere rivolta a lui, pensata per lui, interessante per lui.

È importante qui sottolineare la dimensione strategica della pubblicità[19] che non consiste in una "lotta" con i consumatori, ma piuttosto nell'attenta "coltivazione" del loro modo di pensare, nell'"irretimento" del loro desiderio, in vista di scopi ovvii e incruenti come la loro fidelizzazione a una certa marca, l'aumento dei consumi di un certo prodotto e, in definitiva, è bene tenerlo sempre presente, la massimizzazione del profitto aziendale.

Il consumatore oggi è un esperto nell'uso delle tecniche di selezione per filtrare i messaggi che riceve. Ci sono solo due grandi fattori in gioco in questa selezione: le sue esigenze, i suoi gusti, i suoi umori del momento e la capacità creativa del

---

[19] U. VOLLI, *Semiotica della pubblicità*, Laterza, Bari, 2003

pubblicitario per essere rilevante e richiamare l'attenzione del consumatore.

La qualità del messaggio, che sia divertente, avvincente, interessante, è un altro fattore. Può attirare il pubblico e far sì che gradisca il messaggio, cosa del tutto desiderabile.

In pubblicità la fiducia non si conquista con l'impatto, ma con un processo graduale. La fiducia totale arriva solo come risultato di tante piccole fiducie parziali che si concedono ai prodotti.

Ricerche scientifiche hanno dimostrato che quando qualcuno ha comprato un prodotto una volta è più disposto a prestare attenzione alla pubblicità di quel prodotto, perché sente la necessità di dimostrare a se stesso che la sua scelta è stata giusta e il prodotto merita di essere usato. A questo punto il processo di costruzione della fiducia è solo all'inizio.

Attenzione però, la pubblicità non deve ingannare, né sulle aspettative create per il prodotto né per tutto ciò che può lasciare un senso di delusione nell'esperienza immediata o a distanza di tempo. La sfida per la pubblicità è lavorare con misura.

È bene sempre ricordare che l'annuncio che piace vende meglio, ovvero, la pubblicità più è attraente, più è persuasiva. L'obiettivo numero uno della pubblicità è vendere, ottenere risultati nel breve periodo.

Il primo risultato che la campagna deve ottenere è che il consumatore vada in negozio e compri. Ma non basta: la pubblicità deve vendere oggi e costruire una marca per il futuro.

L'annuncio pubblicitario è ciò che effettivamente del lavoro pubblicitario viene comunicato e si manifesta come messaggio. L'utente non vede le strategie e le complesse progettazioni comunicative. È solo al momento della sua percezione concreta che il messaggio si realizza davvero: nell'audience.

Bisogna però aggiungere che tale percezione non è interamente cosciente, non coincide affatto con quello che il destinatario del messaggio pensa di aver ricevuto.

Sostanzialmente perché la maggior parte della comunicazione che riceviamo e produciamo non passa sotto la lente della coscienza, perché è troppo ricca e ripetitiva: chi bada alla forma sintattica delle frasi che produce o considera in dettaglio com'è fatta la cravatta dell'annunciatore del telegiornale?

Oppure si pensi a come scorriamo distrattamente i titoli del giornale, fino a che non troviamo l'argomento che ci interessa. Moltissimi esperimenti mostrano che la percezione e il ricordo dei messaggi mediatici sono selettivi, e soprattutto che gli stimoli sono classificati non uno a uno, ma per gruppi, per provvisorie categorie di senso, che vengono smontate solo in caso di necessità.

Dato che per lo più vediamo il bosco e non gli alberi, la folla e non le persone, la televisione e non le trasmissioni, la pubblicità e non l'annuncio, la maggior parte della comunicazione è tecnicamente subliminale. Il che non significa che i dettagli non avvertiti non contino. Anzi.

La pubblicità, comunque, si è perfettamente integrata nella nostra vita, fa parte della nostra esperienza quotidiana e produce diversi benefici sociali. Pubblicità, marketing e concorrenza sono i diretti responsabili della riduzione dei prezzi.

La pubblicità promuove l'innovazione, sviluppa la libertà di scelta, la buona pubblicità forma ed informa il consumatore e può contribuire all'evoluzione del costume sociale.

6.1.1 Regole etiche per la pubblicità

A titolo puramente conoscitivo, è bene fare un accenno anche a quelle che sono le regole etiche relative alla pubblicità: è sempre bene conoscerle per non incorrere in violazioni comunicative. Infatti, l'utenza ultimamente è molto sensibile alle problematiche relative alle pubblicità ingannevoli.

Un altro elemento dunque da tenere in considerazione per non veder cadere il castello di efficacia comunicativa che ci siamo costruiti.

La legge Maccanico sul riordino del sistema radiotelevisivo dice espressamente nell'art. 11 ai seguenti comma:

3. *"La pubblicità radiotelevisiva deve essere riconoscibile come tale e distinguersi con mezzi ottici o acustici d'evidente percezione. A tal fine la trasmissione della pubblicità deve essere preceduta da un apposito annuncio che ne renda chiara la distinzione dal resto della produzione e seguita da un altro annuncio di ripresa della produzione stessa.*

I messaggi pubblicitari non possono, comunque, utilizzare lo stesso contesto scenico delle produzioni né essere presentati da conduttori di telegiornali o rubriche d'attualità".

4. *"La pubblicità radiotelevisiva non deve utilizzare messaggi cifrati, tecniche subliminali o che modifichino il volume audio della diffusione."*

É una normativa sempre applicata, secondo voi?

Seguitemi in questo viaggio e vi mostrerò come effettivamente stanno le cose.

Al di là della legge, che comunque deve essere rispettata, vi sono anche delle regole etiche a cui dovrebbero aderire le aziende che si apprestano a pubblicizzare i propri prodotti commerciali.

La pubblicità deve essere controllata, perché per vendere non deve divulgare messaggi che possano educare a comportamenti scorretti e pericolosi.

Le forme di pubblicità attualmente più usate sono finalizzate non tanto a informare il consumatore sulle qualità del prodotto, quanto piuttosto a evocare in lui suggestioni favorevoli.

Pertanto, è bene ricordare che le informazioni più veritiere e approfondite necessarie per valutare l'acquisto di un prodotto si possono ricavare soltanto dalla lettura dell'etichetta.

La pubblicità ingannevole è quella propaganda che in qualunque modo, compresa la presentazione, può indurre in inganno le persone a cui è rivolta o che essa comunque raggiunge.

Qualsiasi forma di propaganda deve essere palese, veritiera e corretta, mentre è bandito ogni tipo di pubblicità subliminale, cioè capace di condizionare il pubblico attraverso stimoli che, pur rimanendo al di sotto della soglia della coscienza, sono percepiti e memorizzati dal subcosciente.

La legge definisce esplicitamente ingannevole una pubblicità solo in due ipotesi: quando si riferisce a prodotti suscettibili di mettere in pericolo la salute e la sicurezza dei consumatori e non ne dà opportuna avvertenza; quando rischia di danneggiare i minori, minacciandone, anche indirettamente, la sicurezza o approfittando della loro inesperienza; o perché, utilizzando bambini e adolescenti nei suoi messaggi, può abusare dei naturali sentimenti degli adulti per i più giovani.

Per il resto la legge rinvia alla valutazione caso per caso, con particolare riguardo: alle caratteristiche dei beni o dei servizi pubblicizzati al prezzo e alle condizioni alle quali i beni o i servizi sono forniti alla categoria, alle qualifiche e ai diritti dell'operatore pubblicitario.

Altre due regole importanti da ricordare sono che la pubblicità deve essere chiaramente riconoscibile, e che i termini "garanzia", "garantito" o simili possono essere impiegati solo se accompagnati dall'indicazione del contenuto e delle modalità della garanzia offerta.

L'istituto di Autodisciplina pubblicitaria (IAP) ha emanato un codice di autoregolamentazione che dovrebbe limitare gli effetti negativi della pubblicità.

Ma questo è un codice scritto da chi fa pubblicità, e quindi dalla parte delle imprese.

L'autodisciplina è il fenomeno per il quale una pluralità di soggetti, accomunati dall'esigenza di conformare il proprio comportamento a regole di correttezza, decide di sottomettersi a norme di comportamento comuni, nonché a norme strumentali volte a far rispettare le prime mediante appositi meccanismi coercitivi.

Tuttavia, se alla base di ogni esperienza autodisciplinare vi è un'assunzione di responsabilità settoriale basata su regole di deontologia professionale, i risultati raggiunti dall'esperienza autodisciplinare italiana nel campo della pubblicità dovrebbero avere anche implicazioni giuridiche che il suo instaurarsi ha disvelato.

Fra gli aspetti particolarmente significativi del sistema autodisciplinare della pubblicità, vi è certamente la figura dell'organo giudicante: il Giurì.

Il Giurì della pubblicità è un giudice privato, la cui istituzione deriva da un accordo fra tutti gli operatori che esercitano la loro attività nel campo della pubblicità, diretto a garantire l'osservanza e l'applicazione di un Codice di autodisciplina che gli operatori medesimi si sono dati.

All'origine c'è proprio l'adozione da parte di tutte le componenti del mondo pubblicitario, rappresentate nell'Istituto di Autodisciplina Pubblicitaria (IAP), di un Codice di autodisciplina composto da 16 articoli.

Le finalità del Codice di autodisciplina sono chiaramente definite nelle "Norme preliminari e generali". Esso «ha lo scopo di assicurare che la pubblicità, nello svolgimento del suo ruolo particolarmente utile nel processo economico, sia realizzata come servizio per il pubblico, con speciale riguardo alla sua influenza sul consumatore».

Il Codice è accettato e sottoscritto da tutte le associazioni ed enti che costituiscono l'Istituto dell'Autodisciplina Pubblicitaria, vale a dire dalle principali associazioni di utenti, professionisti e mezzi pubblicitari (stampa, radiotelevisione, cinema, affissioni, ecc.).

Inoltre, in forza della clausola di accettazione, anche la pubblicità dell'utente, dell'agenzia o del professionista che non appartengono alle associazioni aderenti al sistema è soggetta al Codice e deve rispettare le decisioni dei suoi organi.

Le norme del Codice di autodisciplina sono anche accolte come "usi e consuetudini commerciali" da varie Camere di Commercio (Milano, Torino, Vicenza, Bari, ecc.) e, pertanto, sono da considerare tra le fonti del diritto.

In sostanza, quindi, pur nascendo come disciplina volontaria, la larga generalità della pubblicità e dei pubblicitari italiani sono soggetti a essa.

Ma è proprio così?

Molte pubblicità violano le norme di questo codice eppure continuano a essere trasmesse. Se queste regole venissero applicate sul serio, probabilmente metà della pubblicità che siamo costretti a fagocitare scomparirebbe.

Conclusioni

Siamo giunti, amici, alla conclusione di questo viaggio. Come avrete avuto modo di constatare il raggiungimento dell'efficacia comunicativa, specialmente in ambito multimedialità, è un percorso difficile e tortuoso. Spero che questo strumento che vi ho messo a disposizione possa ristorarvi durante il tragitto ed agevolare il vostro viaggio verso il raggiungimento degli obiettivi comunicativi che vi siete prefissati con i vostri prodotti multimediali.

Non mi resta che ringraziarvi per aver posato lo sguardo su questo manuale e per aver avuto la costanza di arrivare sino a questo punto di lettura.

Non esitate a contattarmi qualora vogliate onorarmi di un vostro suggerimento, commento, riflessione o semplicemente per chiedere delle delucidazioni.

Nicola Amato

Bibliografia

N. AMATO, *La steganografia da Erodoto a Bin Laden*, Amazon, 2016.

A. CALVANI, M. ROTTA, *Fare formazione in Internet*, Erickson, Trento,2002.

M. CALVO, F. CIOTTI, G. RONCAGLIA, M.A. ZELA, *Internet 2004*, Laterza, Bari, 2003

U. ECO, *Apocalittici e integrati*, Bompiani, Milano,1977.

P. FRIGNANI, P. RIZZATI, *Didattica della comunicazione*, Tecom Project, Ferrara,2003.

S. GENSINI, a cura di, *Manuale della comunicazione*, Carocci, Roma, 2002.

G. LIVRAGHI, *Cenni di storia dei sistemi di informazione e di comunicazione in Italia*, Terzo rapporto del Censis sulla comunicazione, marzo 2004, http://gandalf.it

L. MANOVICH, *Il linguaggio dei nuovi media*, Edizioni Olivares, Milano, 2001.

M. MCLUHAN, *Gli strumenti del comunicare*, il Saggiatore, Milano,1987.

J. NYCE, P. KAHN (a cura di), *Da Memex a Hypertext*, Franco Muzzio, 1992.

P.P. PASOLINI, *Lettere luterane*, Einaudi, Torino,1976.

M. PEDRONI, *Sistemi e tecnologie della comunicazione*, Tecom Project, Ferrara, 2001.

M. PEDRONI, G. POLETTI, *Comunicazione digitale e basi di dati*, Tecom Project, Ferrara, 2001.

K. POPPER, J. CONDRY, *Cattiva maestra televisione*, Reset, 1994.

M.A. VILLAMIRA, Comunicazione *e interazione*, cit., p. 216, Franco Angeli, Milano, 1995.

P. WATZLAWICK, J. BEAVIN, D.D. JACKSON, *Pragmatica della comunicazione umana*, Astrolabio, Roma,1971.

Informazioni sull'autore

 É sempre difficile descrivere se stessi, forse perché ci si vede sempre da una sola angolazione. Si rischia pertanto di essere troppo faziosi, sia in negativo che in positivo. Io poi, sono sempre un poco restìo a parlare di me stesso, chiuso probabilmente in quella gabbia culturale fatta di riservatezza e discrezione o, come dicono gli anglofoni, "*low profile*".

Comprendo comunque che si rende necessario farlo in questo contesto, in quanto è giusto e corretto nei confronti dei lettori far sapere con chi si ha a che fare quando si legge un libro.

Eccomi dunque. Tralasciando gli studi fatti, si tratta di normalissimi corsi universitari e post laurea, approdo alle mie passioni: la comunicazione, la scrittura, il diritto e l'ICT.

Sono scrittore di romanzi e di saggi, tecnologo della comunicazione audiovisiva e multimediale, giurista e sino a pochi anni orsono sono stato anche docente universitario a contratto della materia "Scritture Segrete" presso il corso di laurea in scienze della comunicazione dell'università Insubria di Varese.

A tutt'oggi sono docente universitario a contratto presso la University of Alberta in Canada dove insegno online la materia: "Database Design for Information Management".

Grazie per aver posato lo sguardo su questo libro, il quale spero vi sia piaciuto.

Vi invito a visitare la mia pagina Facebook

www.facebook.com/nicola.amato.scrittore

Date un'occhiata anche al mio blog, dove potrete conoscere altri miei lavori letterari, oltre che mettervi in contatto con me:

nicola-amato.blogspot.it

Questi che seguono sono invece i libri che ho pubblicato ultimamente e che potete trovare sia in formato e-book e sia cartaceo sul sito:

www.amazon.it/Nicola-Amato/e/B0058FNDFQ/

Romanzi

- Un amore contrastato
- La Bibbia del Diavolo
- Il mistero del tesoro nascosto
- Stalking letale
- Loschi affari nella ricerca sul cancro

- Fenomeni dell'aldilà
- Il clochard
- Il segreto del castello di Copernico

Saggi

- Storia della Crittografia Classica
- L'evoluzione giuridica della responsabilità medica
- Profili giuridici dei reati di falsa testimonianza e di frode processuale
- Come interpretare il linguaggio del corpo durante la fase del corteggiamento
- Come scrivere un romanzo di qualità
- Piero Angela: Come puntare alla più alta soglia dei contenuti con la più semplice soglia del linguaggio
- La steganografia da Erodoto a Bin Laden: Viaggio attraverso le tecniche elusive della comunicazione
- La disciplina giuridica dell'informatica forense nell'era del cloud
- La sicurezza delle informazioni nel contesto evolutivo del binomio comunicazione-informatica
- Manuale della comunicazione multimediale: Come comunicare in maniera efficace con i prodotti multimediali
- Come gestire i blog e le presentazioni multimediali per briefing, conferenze e seminari in maniera efficace

www.ingramcontent.com/pod-product-compliance
Lightning Source LLC
Chambersburg PA
CBHW051245050326
40689CB00007B/1074